Immer diese **Zürcher!**

Sagen aus dem alten Zürich von
Meinrad Lienert

neu herausgegeben
& sanft bearbeitet von
Tanja Alexa Holzer

wortfeger.ch

... etwa buchverrückt?

wortfeger.ch

Neuauflage 2021
978-3-03923-057-0

Die Deutsche und Schweizer Nationalbibliotheken
verzeichnen diese Publikation in der Nationalbibliografie;
detaillierte bibliografische Daten abrufbar auf:
www.dnb.de und www.nb.admin.ch

St. Felix & St. Regula

In uralten Zeiten lebte am oder vielmehr im Zürichsee ein altes keltisches Volk. Es hatte seine einfachen Hütten auf Bretterböden, die auf Pfählen standen, ins untiefe, blaue Wasser gebaut. Hier fühlten sich die helvetischen Urahnen sicherer von wilden Tieren und noch wilderen Menschen. Die Pfahlbaububen liessen glatte Kiesel übers Wasser nach den Elchen, Urochsen und Riesenhirschen schiefern und tanzen, wenn diese abends zur Tränke an den See kamen. Die helläugigen helvetischen Mägdlein aber verschüttelten sich schaudernd, dass ihre gewaltigen bronzenen Ohrenringe klingelten, wenn im pfeifenden Nachtwind aus den Wäldern herab das Heulen der Wölfe kam.

Endlich aber, als das Urvolk immer bessere Waffen erfand, machte es sich ans Land, um sich an den nach und nach lichter werdenden Ufern anzubauen.

Also siedelte sich ein Volksstamm auch am Ausfluss der Limmat an und gründete mit einem Fischerdorf die Anfänge der heutigen Grossstadt Zürich.

Lange Zeiten lebten die Urväter in gutem Frieden als tapfere Jäger und Fischer. Aber als sie sich zur Zeit einer grossen Völkerwanderung ebenfalls verlocken liessen, den warmen Winden nachzugehen und mit den anderen helvetischen Stämmen ins Römerreich einzubrechen, erging es ihnen gar übel.

Trotz ihrer und ihrer Frauen Heldentum wurden sie von den kriegsgewohnten, besser bewaffneten Römern besiegt und mussten nun wieder in ihre verlassene Bergheimat zurückkehren.

Jetzt wären sie wohl gerne an ihrem schönen blauen See zufrieden gewesen, aber nun waren sie kein freies Volk mehr, denn sie standen nun unter der Weltherrschaft der Römer, die auf dem Lindenhof zu Turicum, wie die Stadt damals hiess, sogar ein Kastell mit Soldaten hatten.

In dieser Zeit lebte in Zürich, als Vertreter des römischen Kaisers, der Statthalter Decius, der die Apostel der Christen, die allüberall in den helvetischen Landen die Heiden bekehrten, verfolgte, wie er nur konnte.

Da kamen denn einst nach der Stadt an der Limmat die zwei christlichen Geschwister Felix und Regula. Der Anführer der im Wallis stehenden Thebäischen Legion, der heilige Mauritius, hatte sie ausgesandt, das heidnische Volk zu Zürich dem Christentum zu gewinnen.

Mit heiligem Eifer für ihre gottgewollte Sendung gingen sie ans Werk.

Als nun der heidnische Statthalter Decius sah, wie sie grossen Zulauf hatten, erschrak er. Er liess sie vor sich kommen und befahl ihnen, ihren

Glauben abzuschwören und den römischen Göttern zu opfern.

Aber die beiden Glaubensboten Felix und Regula wiesen dieses Ansinnen mit Entrüstung von sich.

Da ergrimmte Decius und bedrohte sie mit grässlichen Martern und gar mit dem Tod, wenn sie nicht sogleich die römischen Gottheiten Jupiter und Merkur anbeten würden.

Doch sie hörten ihn ruhig an, wandten sich von seinen Götzen ab und bekannten vor allem Volk freudigen Herzens ihren Herrn und Heiland Jesus Christus.

Jetzt liess sie der Statthalter packen und auf glühende Eisenräder und in heisses Pech werfen. Ja, die rohen Kriegsknechte mussten ihnen sogar siedendes Blei eingiessen.

Aber wie sie auch schrecklich litten, sie priesen Gott und sahen mit verklärten Augen himmelan. Und als nun der erbarmungslose Decius sah, dass sie ihren Glauben nicht nur unter aller Pein standhaft bekannten, sondern sich ihrer Leiden um Christi Willen gar freuten, gebot er, man solle sie hinrichten.

So führte man sie denn auf die Sandbank in der Limmat, wo heute die Wasserkirche steht, und schlug ihnen angesichts des ruchlosen Statthalters, die Köpfe ab.

Aber kaum waren sie in den Sand gerollt, hörten die Umstehenden vom Himmel die Stimmen der Heiligen und Engel singen: Ins Paradies sollen euch die Engel einführen und mit Ruhm die Märtyrer auch aufnehmen!

Da geschah zum Entsetzen des ganzen Volkes ein unerhörtes Wunder. Die hingerichteten Heiligen Felix und Regula ergriffen ihre Häupter, die einen Heiligenschein ausstrahlten, und trugen sie von der Limmat weg den Berg hinauf «wohl vierzig Ellen weit», wie es in der alten Legende heisst. Dort aber sanken sie dahin, und ihre Anhänger begruben sie an der gleichen Stelle.

Bald danach kamen sie in grosse Verehrung. Das christlich gewordene Volk wallfahrtete zu ihren Gräbern, und es sollen dabei gar viele Blinde und Lahme wunderbar geheilt worden sein.

Jedenfalls hielt die zunehmende Stadt das Andenken ihrer zwei Heiligen und Märtyrer hoch. Man erbaute über ihrem Grab die nun uralte Kirche zum grossen Münster, die bis auf den heutigen Tag das Wahrzeichen Zürichs ist. Auf den Herrschaftssiegeln der mächtig aufblühenden, nachmaligen alemannisch-helvetischen Stadt Zürich aber blieben die Heiligen Felix und Regula, mit ihren Häuptern unter den Armen, für alle Zeiten eingeprägt.

Kaiser Karl & die Schlange

Einst kam Kaiser Karl der Grosse, der fränkische Beherrscher des Abendlandes, im Frühsommer an den Rhein. Wie er nun ferner das Schneegebirge schimmern sah, gelüstete es ihn, diesem weissen Wunder etwas näher zu rücken, um es mit Musse betrachten zu können. Er setzte also über den rauschenden Strom und ritt mit seinem einfachen Gefolge durch den fruchtbaren Zürichgau hinauf. Immer mehr und mehr zeigten sich die Berge, immer höher hoben sich ihre weisspelzigen Schultern aus den unabsehbaren Tannenwildnissen der Voralpen.

Aber als Kaiser Karl der klingenden und singenden Limmat entlang endlich in seine gute Stadt Zürich kam und von ihrem Strande aus den knisterndblauen See und die ganze Anmut der Gegend sah, beschloss er, nicht mehr weiter zu reiten. Er konnte nun die noch ganz weissen Berge so gut sehen, als ob sie oben am See in weissen Mänteln einen Frühlingsumgang hielten.

Er liess daher absatteln, und seine getreuen Zürcher, die sich seines Besuches gar hoch erfreuten, richteten für ihn das Haus zum Loch, das heute noch neben dem Grossmünster steht, gar wohnlich ein.

Und da er sich nun einmal in seinen Grenzlanden gegen das Welschland aufhielt, so gedachte er, auch gleich dasselbe eine zeitlang Hof und Gericht zu halten, guten Willen und Recht zu schützen und Mutwillen und Unrecht nach bestem Vermögen abzustellen. Deshalb liess er, um seine Absicht allen so recht offenbar zu machen, an der Stelle, auf der einst die Blutzeugen Felix und Regula hingerichtet worden waren, eine Säule aufrichten. An diese Säule aber musste man ein Glöcklein hängen, das ein jegliches Geschöpf, welches sich mit Recht meinte, gegen irgendwen beschweren zu dürfen, läuten sollte.

Einst, als nun Kaiser Karl frohgemut mit einigen seiner Helden im Haus zum Loch zu Tisch sass und auf ein wohlbekömmliches Mahl aus seinem goldenen Becher auch noch ein aufheiterndes Tränklein tat, war ihm, er höre die kleine Glocke läuten, die er ob dem Richtplatz der Stadtheiligen an eine Säule hatte hängen lassen. Also befahl er einem seiner Getreuen, hinzugehen und nachzuschauen, wer da wohl das Glöcklein ziehe. Bald kam der Kriegsmann zurück und berichtete, dass er bei der Säule niemanden gefunden habe, im Gegenteil habe sich das Klageglöcklein so unschuldig gestellt, als könnte es keinen Ton von sich geben. Er hatte noch nicht zu Ende geredet, so liess sich das Glöcklein wieder hören, und dieses Mal recht deutlich.

Nun schaute sich der Kaiser bedeutungsvoll im Kreis seiner Helden um. Er begann erregt seinen mächtigen Bart zu streichen, und alsdann gebot er dem Kriegsmann, er möge seine Augen besser auftun und sich irgendwo bei der Säule verstecken und wohl in Acht nehmen, wer mit dem Glöcklein der Gerechtigkeit solch hinterrücksigen Mutwillen zu treiben wage. So begab sich des deutschen Königs Mann wieder weg. In der Nähe der Säule legte er sich auf die Lauer.

Aber kaum befand er sich in seinem Hinterhalt, so sah er zu seiner Verwunderung eine grosse Schlange vom See her durch die Gasse rascheln. Wie erstaunte er aber erst, als er gewahren musste, wie die Schlange sich an des Kaisers Säule heranmachte, sich behände an ihr hinaufschlängelte, sich ums Glockenseil wand und also das Glöcklein zu läuten begann, als wäre sie Siegrist in der Glockenstube des über ihr stehenden Karlsturms und müsste wetterläuten.

So geschwind als tunlich machte sich der Kriegsmann zu seinem Herrn zurück und verkündigte ihm die wunderliche Mär von der läutenden Schlange.

Da ging ein Gelächter um des Kaisers Tisch, dass die Wände Echo gaben; einzig Kaiser Karl lachte nicht. Einen Augenblick sah er sich mit ernsten Augen im Kreis um, und nun fing er seinen Rauschebart wieder zu streicheln an, bis es mäusleinläubleinstill im Saal wurde. Dann erhob er sich rasch und schritt, gefolgt von seinen Leuten und von einem Schweif neugierigen Volkes, zur Säule, die er als Hort der Gerechtigkeit aufgestellt hatte.

Und siehe, die Schlange hing immer noch am Glockenriemen und läutete in einem fort. Wie sie jedoch den hohen Herrn zu Gesicht bekam, liess sie sich schleunigst an Seil und Säule herab und ringelte sich vor des Herrschers Füssen. Hier richtete sie sich hoch auf und verneigte sich gar tief. Dann raschelte sie davon und der Kaiser schritt ihr, klirrenden Schrittes und hochgespannt, was da wohl werden möchte, mit all seinem bunten Gefolge nach.

Aber als die Schlange an den See kam, da wo er seinen Ausfluss hat, hielt sie an, und jetzt erblickte der Kaiser im Schilf der Limmat ein grosses Nest, in dem auf den Eiern eine hässliche aufgeschwollene Kröte hockte, die ihn giftig ansah. Am Gebaren der Schlange an aber merkte er, dass es ihr Nest sei, auf dem die ungeheuerliche Kröte sich so breit vertat. Sogleich liess er die eklige, heftig geifernde Kröte wegnehmen, und alsdann verurteilte er sie, als eine Räuberin an Leben und Eigentum, zum Feuertod. Hierauf kehrte er ruhigen Ganges, doch nachdenklich, in seine Hofstatt zurück, und das Volk frohlockte, dass Gott dem Reich einen so gerechten Herrn gegeben hatte.

Nicht lange nachher war es, da sass Kaiser Karl der Grosse wieder einmal zu Tisch und hielt in ehrbarer Fröhlichkeit sein Mittagsmahl. Und draussen auf dem sommerlich warmen Pflaster, unter den Wendelsteinen des Grossmünsters, standen die

Kinder der Stadt und staunten zu ihm und seinen Herren hinauf, um zu sehen, wie sie becherten und sich vergnügten. Ab und zu fiel ihnen wohl auch durch die offenen Fenster eine Leckerei auf die Kappen, um die sie sich dann wacker herumbalgten, was den zuschauenden Kriegsleuten viel Spass machte. Aber wie nun die Helden gar wohlauf beisammensassen und tafelten, ging auf einmal, schier unhörbar, die Türe auf. Und da gleichwohl niemand eintrat, noch sich sonst wie jemand an der Türe sehen liess, erschraken alle in der Tafelrunde. Es war ihnen unheimlich, und sie dachten an Hexerei.

Wie sie aber noch auf die Tür hinstarrten, raschelte es, und auf einmal kroch eine grosse Schlange über die Schwelle. Unwillkürlich legten die Kriegsleute die Hand ans Schwert. Doch die Schlange wellte sich geradewegs zur Tafel, und ehe man sich's versah, wand sie sich am Tischbein, an dem der Kaiser sass, hinauf auf den Tisch, stiess den funkelnden Deckel von seinem goldenen Becher und liess etwas reinfallen, worauf es wie ein weltfernes elfenstimmiges Läuten im Saal umging. Und im Hui war die Schlange auch schon wieder verschwunden. Geräuschlos, von keines Menschen Hand berührt, schloss sich die schwere Tür wieder.

Als nun der überraschte und seltsam bewegte Kaiser in seinen Becher hineinschaute, in dem immer noch ein wunderfeines Singen und Klingen war, fand er darin einen Edelstein, schöner als der

Morgenstern im Frührot des werdenden Tages. Nun erkannte er, dass Gott, der ihn über so vieles gesetzt hatte, seinen Sinn prüfen wollte, und in diesem Gedanken liess er später an der Stelle, wo er das Nest der Schlange gesehen hatte, eine schöne Kirche erbauen. Sie steht heute noch, heisst die Wasserkirche. In ihre Fenster schauen schon mehr als ein Jahrtausend die fernen Schneeberge, nach denen einst Kaiser Karl so heitern, weil gerechten Herzens, Ausschau hielt.

Den Edelstein aber, den er in seinem goldenen Becher gefunden hatte, schenkte er danach seiner hohen Frau. Diese liess ihn in eine goldene Kapsel fassen und trug ihn zeitlebens auf ihrem Herzen.

Die Königstöchter & der Hirsch

Einst lebten in den Mauern der guten Stadt Zürich zwei Königstöchter namens Hildegard und Berta. Sie waren vom Hoflager ihres Vaters, König Ludwigs des Deutschen, in die Stadt an der Limmat gekommen, um hier in Ruhe den Bedürfnissen ihrer Seele und ihres Herzens, dem Gebet und gottgefälligen Werken, zu leben.

Obwohl es ihnen zwar in der schön gelegenen Stadt gar wohl gefiel, wurde es ihnen nach und nach auch hier zu unruhig, und sie beschlossen, sich völlig in die Einsamkeit zu begeben. Also nahmen sie ihren Aufenthalt in der nicht allzu weit entfernten Burg Baldern, die hoch auf dem Grat des Albisberges thronte.

Hier endlich war von ihnen aller Weltlärm abgetan und nur die Vöglein des Waldes erfüllten ihr Gebet mit süsser Melodie.

Da sassen sie denn, Gott im Herzen, und schauten über den blauen See hinweg nach den schimmernden Schneebergen. Und wenn die Sonne aufging, kamen sie ihnen vor wie die alabasterne Treppe vor der goldenen Himmelspforte.

Eines Sonnabends aber, als ein lauer Wind das erste Kirschenblust und die traulichen Glockenklänge der Dörfer um den See zu ihrem Hochsitz trug, überfiel sie ein grosses Verlangen, sich ein wenig im Wald zu ergehen.

Sie machten sich also aus ihrem alten Gemäuer. Obwohl sie sich nun fest vorgenommen hatten, beim Vergehen der letzten Vogelstimme wieder geschwind in ihren sichern Burgstein zurückzukehren, gefiel es ihnen im singenden und rauschenden Hochwald auf dem Grat so wohl, dass sie sich von der Nacht gefangen nehmen liessen.

Da irrten sie nun im Holz herum, schlugen an Steinblöcken und Baumstämmen an, und wenn sie meinten, ein Sternlein zu sehen und ihm nachhielten, fanden sie sich unversehens an einem gähen Absturz, der sie zurückschreckte. So kam es, dass sie sich zuletzt weder vorwärts noch rückwärts getrauten und hilflos stehen blieben. Es übernahm sie die Angst, sie möchten von wilden Tieren überfallen werden. Und wahrhaftig, sie fuhren zusammen, umarmten sich und empfahlen sich Gott, – irgendwo im Wald regte es sich. Dürres Geäst brach, und jetzt glaubten sie, die Augen eines Bären oder Wolfes vor sich glühen zu sehen.

Da ward's auf einmal seltsam hell vor ihnen, und jetzt schritt unter den Tannen hervor ein grosser, weisser Hirsch, und wie sie ihm furchtsam entgegenstarrten, erblickten sie zu ihrem Erstaunen auf seinem gewaltigen Geweih zwei brennende Kerzen. Er kam ganz nah zu den noch mehr verwunderten als erschrockenen Schwestern. Dann wandte er sich, sah sich um und ging wieder langsam davon. Aber immer wieder blieb er stehen, als warte er auf die Königstöchter. Als sie jedoch keine Miene machten, ihm zu folgen, verschwand er wieder unter den Tannen, und die Nacht umfing sie aufs Neue.

Noch in tiefes Nachdenken versunken über die seltsame Erscheinung, rafften sie sich auf, und siehe, da fanden sie sich nach einigen Schritten vor ihrem Burgtor, das sie doch vorher vergeblich so eifrig gesucht hatten. Sie gingen hinein und begaben sich ganz still zur Ruhe.

Am Abend des nachherigen Tages standen sie wieder im Wald, denn es war ihnen über Nacht in den Sinn gekommen, der Hirsch mit dem leuchtenden Geweih möchte eine Bedeutung für sie haben und ihnen von Gott geschickt worden sein. Und richtig, kaum waren sie wieder im Dickicht, zeigte sich das vornehme Tier wieder, und es war den beiden Königstöchtern, es wolle sie veranlassen, ihm zu folgen. Immer lief es vor ihnen her und sah sich um, ob sie ihm auch nachkämen. Wohl folgten sie ihm ein Stück Wegs, dann aber wurden sie wieder ängstlich und wandten sich zu ihrer Burg zurück, worauf der Hirsch verschwand.

Nun aber wurde es ihnen schwer. Sie fanden in ihrem hochgelegenen Burgstall keine Ruhe mehr und beschlossen endlich, dem Hirsch zu folgen, gehe es wohin es wolle, falls er sich nochmals zeigen sollte. Und als sie sich mit der ersten Vogelstimme in aller Morgenfrühe erhoben und in den noch ganz dunklen Wald hinaustraten, kam ihnen auch schon der Hirsch entgegen. Die zwei Lichter auf seinem Geweih schienen dieses Mal doppelt so stark zu leuchten wie sonst, und gar hoch und ruhig trug er sein prächtiges Gehörn, als er sah, dass ihm die zwei Königstöchter immerzu folgten.

So wanderten sie denn zusammen im Wald über den Berggrat. Und als sie daraus hervortraten, stieg aus der vergehenden Nacht das ferne Schneegebirge, und irgendwo unten geisterte eine Glockenstimme. Und als sie tiefer kamen, öffnete sich allmählich das Tal. Es zeigte sich in einem silbergesponnenen Nebelschleier der See. Und nun nahm die Dämmerung aus ihrem blauen Schoss ein Dörflein ums andere und stellte sie gar zierlich um den See auf. Und als sie völlig in die Tiefe kamen, warf der nahende Tag seine Purpurdecke übers Hochgebirge, um der königlichen Sonne den Einzug zu bereiten.

Doch die zwei Königstöchter Hildegard und Berta gewahrten nichts als den weissen Hirsch, dem sie im Namen Gottes und betend immer durch die erwachenden Auen, dem See entlang, folgten. Also kamen sie, sie wussten kaum wie, auf einmal in die Stadt Zürich hinein, und obwohl der junge Morgen mit strahlendem Besen eben die letzten Schatten der Nacht auch aus dem verborgensten Winkelgässchen hinauswischte, ging der Hirsch immer noch vor ihnen her, und sein Geweih leuchtete so herrlich wie der tiefsten Nacht.

Aber als er an die mitten durch die Stadt fliessende Limmat kam, blieb er dem grossen Münster der Chorherren gegenüber stehen und tat keinen Schritt mehr.

Das wunderte die adeligen Schwestern gar sehr, und nachdem sie im grossen Münster die Frühmesse angehört hatten, kehrten sie gedankenvoll wieder nach ihrem Bergschloss heim.

Von da an führte sie der Hirsch noch zweimal an die gleiche Stelle in der Stadt der Heiligen Felix und Regula. Und nun erkannten sie, dass die göttliche Vorsehung von ihnen hier den Bau eines gottgeweihten Hauses, eines Klosters, begehre. Sie wandten sich darum an ihren Herrn Vater, den deutschen König Ludwig, der ihnen das Bauwerk ausführen half.

Und als nun dem Karlsturm des grossen Münsters gegenüber auch das neue Münster ‹Unserer Lieben Frauen› fix und fertig dastand, nahm Hildegard Abschied von ihrer Schwester und bewohnte von da ab als erste Äbtissin das Kloster, das an das schöne Münster angebaut worden war. Und als sie nach einem gottgefälligen Leben zu einem seligen Ende kam, verliess auch ihre Schwester Berta die einsame Baldernburg und wurde also des Fraumünsters zweite Äbtissin. Ob die Hauptpforte ihrer Kirche aber liess sie, zu ewigem Gedenken, den merkwürdigen Hirsch einmeisseln, der ihr und ihrer heiligmässigen Schwester einst so getreulich Gottes Wille und Weg gewiesen hatte.

Das goldene Tor

Einst hütete ein Hirtenbüblein zwischen den schönen Dörfern Kloten und Bassersdorf, an einem kleinen Weiher, die Schafe seines Bauers. Es war ein prächtiger Föhntag, und die Berge schienen so nahe, dass es dem Büblein vorkam, es müsste nur ein Geringes laufen, um aus dem ewigen Schnee des Hochgebirges Schneeballen machen zu können. Das Weiherlein nebenan aber war so blau, als wäre nach und nach der ganze knisterndblaue Himmel hineingeschlossen.

Da legte sich das Hirtenbüblein, wie schon oft, an den kleinen Weiher und sah mit traumschweren Augen dem wunderlichen Spiel des feinen Sandes zu, der in winzigen, unzähligen Goldplättchen im Wasser auf- und abstrudelte. Als ihm das aber zu langweilig wurde, begann er mit der Hand allerlei Figuren in die lautere Flut hineinzuspielen, die sie, getreuer als ein Spieglein, wiedergab. Auf einmal war ihm, er sehe am Spiegelbild seiner Hand etwas wie einen goldenen Ring. Rasch betrachtete er seine wirkliche Hand, aber da war kein Ring und war auch nie einer gewesen.

Wie er nun wieder ins Wasser unter sich schaute, gewahrte er den Ring wiederum an der hineingespiegelten Hand. Aber jetzt merkte er, dass die

Hand im Weiher, obwohl sie ihm alle Bewegungen nachmachte, nicht seine Hand sein konnte, denn sie war weisser als eine weisse Taube auf dem Mooracker, während doch seine eigene braungebrannte Hand einem ruhelosen Eichhörnchen glich. Unversehens fuhr die Hand aus dem Wasser, und vor seinen Augen, gar nahe, blitzte ein goldener Ring. Einen Augenblick schaute er ihn verwundert an, aber dann übernahm es ihn, denn der Ring glänzte wie der Weihnachtsstern. Er haschte darnach, griff jedoch daneben.

Da tauchte eine Jungfrau bis an die Schultern aus dem Weiher auf. Und die war so weiss, dass die weisse Wolke ob ihr wie ein schwarzer Rauch am Himmel stand. Sie lächelte den erstaunten Knaben an und begann ihn mit dem goldenen Ring an ihrer Hand anzulocken und zu zänggeln. Jetzt war er gar wohl aufgelegt, und es begann zwischen ihm und der schönen Jungfer ein anmutiges Necken, wobei er versuchte, den Ring, der immer wieder vor ihm aufglänzte wie ein Wetterleuchten, zu erwischen. Und da es ihm doch nicht gelingen wollte, wurde er ungeduldig. Er bog sich übers Bord hinaus, und mit einemmal nahm ihn die Jungfrau in beide Arme, und er versank mit ihr.

Kaum war er verschwunden, als sein Bauer unter den Obstbäumen hervoreilte, denn er hatte seinen kleinen Hüterbuben aufschreien hören. Friedlich weideten die Schafe um den Weiher, aber nirgends vermochte er sein Hirtlein zu gewahren, obwohl er’s doch noch vorhin durchs Gebüsch am Ufer hatte liegen sehen.

Er schaute sich blitzgeschwind rundum, und dann blickte er auf den Weiher, auf dem sich grosse Ringe zum Bord zogen. Er warf sich auf die Knie und schaute ins Wasser, aber er bekam nichts zu sehen als eine grosse weisse Seerose, die sich auf den zergehenden Ringen schaukelte.

Da fuhr er schier entsetzt zurück; aus dem Goldsandstrudel im Weiher schoss auf einmal sein vermisstes Schafhirtlein bolzgerade wie eine Kerze vor ihm auf. Flink packte er’s bei der Salzlecktasche und zog’s ans Ufer. Und wie er nun sah, dass der Knabe bewusstlos war, fing er ihn kräftig zu walken und zu kneten an, als ob er ein grosses Brot aus ihm machen wollte. Auch sog er ihm den Atem.

Endlich schlug das Büblein die Augen wieder auf und schaute sich schlaftrunken ringsum. Und als es nun nach einer Weile völlig bei sich war, begann es seinem Bauer zu berichten, wie es ihm mit der Wasserjungfer ergangen war.

«Also sie packte mich», erzählte er, «zog mich ins Wasser und schloss mich so fest in ihre Arme, dass ich den Atem und den Sinn verlor. Wie in einem brausenden Wasserwirbel nahm’s mich in eine unendliche Tiefe. Aber auf einmal wurde es heiter um mich, und ich befand mich in einer wunderbaren Gegend. Und wie ich die Augen recht auftat, sah ich vor mir eine grossmächtige Stadt, aus der uns eine eigene Sonne entgegen schien. Als ich jedoch näher kam, verging die Sonne, und es wurde daraus ein gewaltiges goldenes Tor, dessen Glanz mich schier blendete. Eben tat sich's weit auf und eine wunderschöne Jungfrau trat heraus.

Jetzt öffnete die Jungfrau, die mich umschlungen hielt, die Arme, um jener, die im goldenen Tor stand, entgegenzueilen. Im selben Augenblick packte mich der Wasserwirbel wieder, riss mich also mit sich empor, dass alles um mich verging. Weiter weiss ich nichts mehr.»

Mit Staunen hatte der Bauer seinem Hirtenknaben zugehört, dann blickte er mit scheuen Augen in den Weiher. Es wollte ihm vorkommen, er sehe in seiner Tiefe etwas wie ein goldenes Tor glänzen.

Der Knabe aber rief seine Herde und fuhr mit ihr still nach Hause.

Es heisst, er sei danach noch oft an den Weiher gegangen, den man von da an «das guldin Tor» nannte, aber die schöne Jungfrau erschien ihm niemals wieder.

Der Zwingherr

In jenen trüben Zeiten, als sich auch in der Schweiz noch einzelne Leute die unbeschränkte Herrschaft über Leib und Seele ihrer Mitmenschen anmassten, lebte in der Gegend bei Wald ein «Hagheer» oder Zwingherr. Dieser trieb es gar bunt. Er begnügte sich nicht damit, dass ihm das Volk den Zehnten und Abgaben aller Art zutragen und in aller Rechtlosigkeit dahinleben musste, er bedrückte es auf jede ersinnbare Weise.

Um aber seine Untertanen so recht fest in seiner Eisenfaust zu haben, auf dass sie auch bei den unerhörtesten Härten nicht gegen sein selbstherrliches Regiment aufmucken dürften, beschloss er, auf dem «Farner», einer Anhöhe, eine gar stolze uneinnehmbare Zwingburg zu erbauen. Und zwar sollte ihm sein leibeigenes Volk die Steine und das Holz zu dieser Burg ziehen, durch die er doch seine Befreiung für alle Zeiten verunmöglichen wollte.

Vorher aber sollten die mächtigen Eichenstämme und Buchen, die man für die Burg hatte fällen müssen, sorglich hergerichtet werden.

Hierfür hatte der Hagheer den geschicktesten Zimmermeister der ganzen Landschaft herbefohlen. Unter seiner Anweisung sollten die geplagten Bauern das Holz regelrecht behauen lernen.

Am Tag, an dem der Zimmermeister mit seiner Arbeit beginnen wollte, stellte sich auch der Tyrann der Talschaft auf dem Platz ein. Neugierig und mit grimmigem Angesicht trat der Hagheer zu dem auserlesenen Zimmermann, um ihm zuzusehen und sein Werk zu überwachen. Dieser schärfte eben eine Axt mit einem Wetzstein, so dass die glänzte wie das Wetterleuchten.

Wie nun der Hagheer bei ihm stand, entfiel ihm der Wetzstein. Rasch wollte er sich danach bücken, aber stöhnend fuhr er wieder auf, blieb kerzengerade stehen und sagte wehleidig, es sei ihm auf einmal so in den Rücken geschossen, er habe gewiss den Hexenschuss bekommen, weil er sich gar zu rasch hätte bücken wollen. Und dann bat er den Hagheern bescheiden und mit den hochachtungsvollsten Augen der Welt, er möchte doch so gut sein und ihm den Wetzstein aufheben, damit er mit seiner Arbeit gleich beginnen könnte; die Bauern lernten sonst die Langhölzer nie richtig abschwarten.

Also bückte sich der Zwingherr, der das sonst keineswegs gewohnt war, brummend nach dem Wetzstein. Da liess der handfeste Zimmermeister seine Axt gar gewaltig auf seinen Nacken niedersausen, so dass der Kopf einen Luftsprung tat und danach zwischen die Baumstämme rollte.

Jetzt erhob sich aus dem etwas abseits stehenden Volk ein Berg und Tals ausfüllendes Aufjauchzen und Frohlocken, und hoch priesen alle den schlauen und schlagfertigen Zimmerer, der das Land für immer von der angedrohten Hagheernburg, aber auch von aller Zwingherrschaft erlöst hatte.

Der Fledermausstein

Ob Küsnacht am blauen Zürichsee liegt auf einer kleinen Hochebene der Weiler Itschnach. Es stehen da nur ein paar Bauernhäuser und Scheunen beisammen, aber sie bilden ein nettes Dörflein. Dieses heimelige Nestlein ist vom lieben Gott in eine blühende, fruchtbare Umwelt gesetzt worden.

Aber wie Tag und Nacht nahe beisammen sind, so sind auch in jener Gegend holde Fruchtbarkeit und wüste Wildnis fast nebeneinander. Nämlich, nicht weit von Itschnach befindet sich in einem dornigen Tobel irgendwo eine Höhle, die der Fledermausstein heisst. Sie liegt wohl verborgen, und um sie blüht die geheimnisvolle Blume mit dem wunderlichen violetten Häublein, die Akelei.

In dieser Höhle hauste vor langer, langer Zeit ein gräulicher Lindwurm. Immer lauerte er in seinem Loch auf Beute, und was auch in seinen Bereich kam, ob Mensch oder Vieh, fiel ihm zum Opfer. Die Dörfer weit herum hatten einen Heidenrespekt vor ihm und mieden seine Gegend immer mehr. Freilich war man einige Mal mit Macht ausgezogen, also dass er sich tief in die Erde hinein verkroch, und hatte den Eingang zu seiner Höhle fest verrammelt. Aber immer wieder brach er hervor, da sein Schlupfwinkel verschiedene geheime Ausgänge hatte. So schlug denn der grausige Drache immer mehr Menschen und Vieh. Am Tag schoss er herum wie eine Wolke im Wetterwind und nachts wie ein Feuerbrand. Wohl wurden fromme Umgänge und Gottesdienste abgehalten, aber alles wollte nichts helfen, und mehr und mehr verödete ringsum das Land. Tiere und Menschen flohen aus der Gegend. Kein stiller Reiher stand mehr nachdenklich am Rumoseelein im Wald, und kein Auerhahn fuhr mit leuchtendem Gefieder aus den dunklen Tannen des Tobels.

Endlich erschien eines Tages ein wohlgewappneter Ritter und schwor, dass er den Kampf mit dem Drachen aufnehmen wolle. Was man ihm auch vorstellte, er liess sich nicht von seinem Entschluss abbringen. Mutterseelenallein begab er sich auf den Weg zum Drachenloch. In einer Kapelle, nicht weit davon, kniete er nieder, betete inbrünstig und empfahl sich und seine Waffen der Muttergottes.

Bald hatte er die Schlucht erreicht, und da er den Lindwurm nirgends zu sehen vermochte, trat er tollkühn in seine Höhle. Aber er konnte nur zehn Schritte weit aufrecht gehen, dann verengte sich der Gang. Es wurde stockdunkel und so eng, dass er nur noch auf den Knien vorwärts kam.

Obwohl er nun meinte, ersticken zu müssen, da er sich kaum noch durch den nasskalten Schloff zu zwängen vermochte, gab er doch nicht nach. Er zündete eine geweihte Wachskerze an, empfahl sich nochmals dem Schutz der Muttergottes Maria und schleppte sich vorwärts. Er wusste nicht, wie lange er also in die Erde hineingerutscht war, aber die Kerze war fast abgebrannt und drohte zu erlöschen.

Mit einem Mal hörte er ein unheimliches Schnauben und Bärschten, als ob eine ganze Weide voll Stiere vor ihm wäre. Ein kalter Luftzug sauste gegen ihn, und die Kerze erlosch. Aber er hatte doch noch zu sehen vermocht, dass sich vor ihm eine weite Felsengrosse auftat. Doch wie er sich auch wand, und wie er rang und drängte, es wollte ihm nicht gelingen, sich völlig aus der engen Dole in die weite Höhle hineinzubringen. Ja, er kam zuletzt weder vor- noch rückwärts.

Da war ihm, er sehe irgendwo in weiter Ferne ein winziges Lichtlein. «Das ist ein Höhlenausgang», dachte er, «o wie ist er weit weg! Und zurück kann ich auch nicht mehr.»

Aber das Lichtlein kam ihm rasch näher, und jetzt teilte es sich, es wurden ihrer zwei. Sie vergrösserten sich immer mehr, je näher sie rückten und plötzlich starrten ihn zwei glühende Augen an, und jetzt tat sich ein schrecklicher feuerspeiender Rachen auf.

Der Ritter meinte, sterben zu müssen, und in seiner Not schrie er auf: «Heilige Muttergottes, steh mir bei!»

Da war es, als ob die Mauern der Höhle weit auseinander gingen; der Himmel zeigte sich, und jetzt schwebte auf einer rosenroten Wolke Unsere Liebe Frau herab. Nun sah der Ritter den Drachen hart vor sich liegen; er sah, wie er sich winselnd in der mächtigen Höhle zusammenrollte, und wie er sich zu verkriechen versuchte. Aber die Jungfrau Maria trug einen Lilienstengel in einer Hand und in der anderen eine blitzende Diamantkette. Diese legte sie dem winselnden Lindwurm um den Hals und band ihn an die Felsenwand der Höhle. «Hier sollst du bleiben und schmachten», rief sie aus, «bis zum jüngsten Tag!» Dann wandte sie sich an den frommen und tapferen Ritter und sprach freundlich zu ihm: «Dein Glaube hat dir geholfen; geh heim in Frieden!»

Er faltete die Hände und senkte demütig das Haupt, denn niederknien konnte er nicht, da er noch immer im drückenden, atemraubenden Drachenschloff steckte. Jetzt berührte ihn die Muttergottes mit ihrem Lilienstengel. Und siehe, da kam es ihm vor, als fielen die beengenden Felsen von ihm ab. Der Gang erweiterte sich, der Ritter sprang auf und gelangte, bevor er recht zur Besinnung kam, wieder aus der Höhle. Da atmete er in vollen Zügen den reinen Tag und dankte aus vollem Herzen der allerseligsten Jungfrau Maria, die ihn so wohl bewahrt hatte.

Es heisst, dass man in stillen Nächten um Weihnachten herum im Tobel bei Itschnach die Kette des gefesselten Drachen heute noch zu hören vermöge.

Der listige Habsburger

Einstmals, in alter Zeit, waren die Bürger der aufstrebenden Stadt Zürich gar in bösen Nöten.

Nämlich, nicht allzu weit vom lieblichen Katzensee, in dem sich die silbernen Birken so schön spiegeln, lebte auf seiner Burg im Mauerring des Städtchens Regensberg ein mächtiger Edelmann, namens Lüthold von Regensberg. Dieser Freiherr war weit und breit um Zürich der gewichtigste Mann.

Nicht nur hatte er sein hochthronendes festes Städtlein voll von Dienstleuten und Kriegszeug, auch anderwärts gehörten ihm viele schöne Landschaften, die von seinen trotzigen Burgställen beherrscht wurden. Auch um die Stadt Zürich und am ganzen unteren Zürichsee hatte er eine grosse Herrlichkeit. Seine Festen, Schlösser und Burgsteine umringten denn auch die Stadt völlig, so dass keine Maus zu ihren Toren hinauskam, die nicht von den Edelknechten auf des Regensbergers Hochsitzen hätte gesehen werden können. Wollten die Zürcher mit ihren Waren den See hinauf, so mussten sie immer gewärtigen, dass man sie aus der Burg Wulp im Küsnachter Tobel oder von der Baldern und der Uetliburg auf dem Albisberg oder aus anderen Nestern dieses Falken von Regensberg beunruhige. Schwammen ihre Nauen gar die Limmat hinunter, so mussten sie fürchten, beim Städtlein Glanzenberg, das unweit des Klosters Fahr am Strom lag, überfallen oder doch gebrandschatzt zu werden. Und je mehr seine Macht zunahm, desto begehrlicher und eifersüchtiger schaute der stolze Freiherr von seinem Turm hinüber gegen die Stadt Zürich und sann daran herum, wie er das immer mutiger auftretende Gemeinwesen unter seinen Daumen bringen könnte.

Die Zürcher, die seine Absichten wohl merkten, wollten sich vor ihm aber keineswegs unterkriegen lassen. Sie hatten nun schon eine geraume Weile Freiheit geschmeckt, und diese dünkte sie von Tag zu Tag süsser.

So sperrten sie sich denn gegen ihn, so gut sie's vermochten. Da wurde er aber wild und begann sie zu necken, wie er konnte, und immer mehr engte und schnürte er sie mit Zoll und allerlei Plackerei ein, so dass es nach und nach unerträglich werden wollte.

Nun versuchten sie's mit ihm zuerst mit ernsten Vorstellungen im Guten. Aber er nahm das für Schwäche, schlug das angebotene Bündnis aus und liess sie hohnlachend und drohend abfahren.

Jetzt beschlossen die tatkräftigen Zürcher, sich des herrschsüchtigen Nachbarn mit Gewalt zu erwehren. Sie verschlossen ihm und seinem Anhang die Tore der Stadt und rückten bewaffnet aus. Doch erging es ihnen meistens recht bös, denn der Regensberger hatte aus seinen eigenen Untertanenschaften und von anderwärts viel Zuzug, weil man die junge freiheitssüchtige Stadt auf den adeligen Raubnestern überall zu hassen und zu fürchten begann. Da es den Zürchern nun übel erging, wandten sie sich an den Grafen Rudolf von Habsburg, der im Aargau in einer sonnigen Wildnis hauste. Dieser, ein umsichtiger Kopf, der dem mächtigen Regensberger schon längst gern Abbruch getan hätte, empfing sie gar freundlich, und sein einfaches, leutseliges Wesen gewann sie im Handumdrehen. Sie verbündeten sich also mit ihm und gingen nun dem Freiherrn von Regensberg gemeinsam zu Leibe. Nun liess es sich für die Zürcher besser an. Eine Burg nach der anderen kam in ihre Gewalt, aber wie sie sich auch mühten, mit Schwert und Steigleiter, die beiden trotzigen Felsennester auf dem Albis, die Baldern und die Uetliburg, wollten ihnen nicht werden.

Da versuchte es Graf Rudolf von Habsburg mit List, denn er war ein witziger Mann.

Eines schönen Abends verritt er heimlich mit fünfunddreissig Reitern aus der Stadt Zürich. So still als möglich machten sie sich durch den Hochwald des Sihltales an die hochgelegene Burg Baldern hinauf. Dort sprangen nun die Fünfunddreissig aus dem Sattel und doch sassen merkwürdigerweise immer noch ihre Fünfunddreissig zu Pferd. Nämlich, jeder Reiter hatte noch einen Hintermann mit sich auf den Berg gebracht.

Alsdann machten sich die fünfunddreissig Abgesessenen mit ihrem Grafen wieder heimlich zu Tal, während die Zurückgebliebenen sich im Haselgestäude um die Burg versteckten.

Am anderen Morgen nun, als die Sonne die weissen Schleier vom See wegnahm und ein jeglich Zweiglein an den stillen Albishängen gar sorgfältig in Gold zu fassen begann, ritt der Habsburger wieder im heiteren, hellen Tag gegen die Baldern hinauf, also dass die Burgknechte ihn und seine Reiter wohl gewahren konnten.

Und da sie sahen, wie er gar keck in ihre Nähe ritt und ihnen allerlei Unfug antat, und da sie nur fünfunddreissig Reiter zählten, brachen sie plötzlich wohlberitten aus ihrer Feste hervor, liessen das Tor sperrangelweit offen stehen und setzten dem flüchtigen Grafen und seinem Tross eilfertig nach.

Kaum waren sie weg, so schlichen sich die fünfunddreissig wehrhaften Zürcher, die sich am Abend vorher bei der Burg versteckt hatten, hervor. Unversehens stürmten sie zusammen durchs offene Tor und flugs war das Gesinde gebodigt und die Burg gewonnen. Jetzt schlossen sie das schwere Tor und liessen mit frohen Trompetenstössen vom Schlossturm den Grafen wissen, dass ihnen der Anschlag wohlgeraten sei. Die Burgknechte aber, die den Grafen verfolgt hatten, merkten, wo das Tanslein rinnt und verstoben nach allen Richtungen.

Nun hatten die Zürcher dem Regensberger wohl all seine Burgen um den See genommen bis auf eine, die sich also gut hielt, dass sie nicht hineinzukommen vermochten, so sehr sie sich's angelegen sein liessen. Zu höchst auf der Albiskette, gegen die Stadt zu, lag wie ein Adlerhorst, auf den jäh abfallenden Felsen des Uetlibergs, die Uetliburg. Wie ein Raubvogel sah sie denn auch auf die Stadt herab. Sie war einst aus dem uralten Mauerring herausgebaut worden, in dem vor unvordenklichen Zeiten noch die Kelten, der Zürcher Ururväter, vor ihren Feinden Zuflucht zu suchen pflegten. So lange nun diese hochgelegene Feste nicht eingenommen war, bekam die Stadt, ob deren Dächern sie wie eine Böswetterwolke hing, keine rechte Ruhe. Immer wieder überfielen die in der Burg hausenden Edelinge und ihre Knechte die reisenden Kaufleute.

Also versuchte es der schlaue Graf von Habsburg zum zweiten Mal mit List. Er wusste, dass die Verteidiger der Uetliburg zwölf schneetaubenweisse Schimmel hatten, auf denen sie ab und zu im Land herumritten, um irgendein einsames Gehöft oder einen Weiler auszurauben. So bedeutete er denen von Zürich, sie möchten ebenfalls zwölf Schimmel auftreiben. Da die verständigen Bürger gleich merkten, dass der Habsburger wieder einen Streich im Schilde führte, ruhten sie nicht, bis eines Tages die zwölf Schimmel vor ihm standen. Die aber waren also weiss, als wären sie durch einen See voll geschwungenem Nidel geschwommen, denn es war, als tropfte er ihnen noch von den Mähnen. Sogleich bestieg der Graf mit zwölf Reisenden die Schimmel, und als es im Tal zu dämmern anfing, ritten sie, gefolgt von einer ansehnlichen Schar wohlbewehrten Fussvolkes, durch die Wälder hinauf in die Nähe der Uetliburg. Dort verbargen sie sich, um den Morgen abzuwarten.

Als nun die Sonne gar herrlich hinter dem fernen Säntis heraufstieg und mit goldenen Tritten über Wald und Au ins Seetal gezogen kam, ging das Tor der Uetliburg knarrend auf, und da ritten richtig die zwölf Reiter auf ihren schneeweissen Schimmeln in den Tag hinaus. Guter Dinge, lachend und scherzend machten sie sich bergab, denn sie hatten keine blasse Ahnung, dass ein fremdes Füchslein so hart an ihrer Hube lauerte.

Kaum hörte der Habsburger, der also mit seinen Streitgenossen im Busch steckte, wie die zwölf Reiter immer mehr bergab kamen, sprang er auf. Ein Wink, und sogleich sassen er und seine Gesellen ebenfalls auf ihren Schimmeln.

Jetzt brachen sie aus ihrer Staudenwelt und jagten über den Prügelweg des Berggrates auf die Uetliburg los. Hinter ihnen drein aber stürmten, schreiend und mordio lärmend, ihr blauweisses Fähnlein schwingend, die Zürcher.

Da meinte der Turmwart, die heranjagenden Reiter auf den zwölf milchweissen Schimmeln seien die Leute der Burg; sie seien wohl von den

Zürchern überrascht worden und wollen sich nun in der Bergfeste in Sicherheit bringen. Er stiess aus Leibeskräften ins Horn, und die Knechte taten das Burgtor also weit auf, dass eine Lawine hätte hereinfahren können. Und da rasten auch schon die zwölf Schimmel mit ihren geharnischten Reitern in den Burghof hinein.

Rasch bekamen jetzt die Insassen die Täuschung zu spüren, denn des Grafen scharfes Schwert begann ihnen sogleich um die Nase zu tanzen. Aber bevor sie ein Stossgebetlein zu verrichten vermochten, lagen ihre Köpfe samt den Kappen schon am Boden, und durchs offene Tor herein drängte nun auch der Haufen der Zürcher, die aber erst anklopften, als sie schon drin waren, und zwar so handlich, dass die erschreckten Burgknechte das Hereinrufen für immer vergassen. So war denn auch die schier uneinnehmbare Uetliburg gewonnen, und bald zeigten die Flammen, die aus dem Gemäuer als eine ungeheure Feuergarbe aufgingen, der erwartungsvollen Stadt, wie trefflich der Habsburger mit ihren Bürgern geerntet hatte.

Nun war wohl der See befreit, und die Stadt Zürich konnte leichter atmen, denn der hoffärtige Lüthold, der rachewütig auf seiner fernen Regensburg sass, vermochte den steinernen Gürtel, der die Stadt gar bös eingeschnürt hatte, nicht mehr anzuziehen. Doch zu einer völligen Sicherheit und Ruhe waren die Zürcher damit noch nicht gekommen.

Bis zwei Wegstunden unterhalb der Stadt lag, im Wald wohl versteckt, an der blauen Limmat noch immer das Städtlein Glanzenbeg, das ebenfalls dem Regensberger gehörte. Es war gut befestigt und sass so am Ufer des Flusses, dass kein Entlein vorbei schwimmen konnte, dass man nicht von der Mauer dieses Wassernestes aus hätte sehen können. So lange aber die Zürcher Bürger diese steinerne Wacht des Regensbergers am Flusse wussten, konnten sie sich ihres Lebens nicht freuen. Die Limmat war ja ihre eigentliche Verkehrsstrasse. Alle Landwege ins Tiefland waren zu unwirtlich und zu langwierig. Nun kamen sie aber nie mit ihren Waren an Glanzenberg vorbei ohne schweren Zoll und Abgabe, und seit sie mit dem Freiherrn Lüthold in Fehde waren, mussten sie jedes Schiff, das mit Leuten und Sachen gegen Baden fuhr, von Kriegsvolk begleiten lassen, wollten sie einigermassen gnädig durchkommen. So beschlossen sie denn, auch dieses Städtlein als eine heillose Talsperre zu brechen. Sie gingen ihm fest und umtunlichst zu Leib, aber die Glanzenberger spotteten all ihrer Stürme. Auch das Aushungern des Städtleins wollte nicht gelingen, weil sich die Feste mit Fischen und Wasser genügsam versehen konnte.

Was machte also der gedankenschnelle Graf von Habsburg, als er sah, dass man mit Gewalt nicht zum Ziel komme? Er liess die Zürcher einige schwere Schiffe mit Waren, aber vorab mit Fässern, anfüllen. In die Fässer aber verkrochen sich, auf seinen Rat, eine schöne Anzahl wehrhafter Leute.

So trieben sie denn eines Tages sorglich den hurtig ziehenden Strom hinunter. Als sie sich nun dem Raubnest näherten, hielten sie an. Die Bewaffneten machten sich aus den Fässern und verbargen sich im Erlengestäude am Ufer, wo auf sie im Busch der Graf von Habsburg wartete, der mit einem Reitertrupp schon nachts in die Nähe des Städtchens geritten war.

Die Ruderknechte aber stiessen wieder ab und die Schiffe glitten gemächlich auf die Wasserfeste zu. Wie sie ihr nahe kamen, hielt die Bemannung uferwärts, und auf einmal erhoben die Schiffsleute ein mörderisches Geschrei und Gejammer und warfen zugleich allerhand mindere Ware in den Fluss.

Da vermeinten die Glanzenberger und ihre freiherrliche Besatzung, die herantreibenden Schiffe befänden sich in grosser Not und vermöchten die Mitte des Stromes nicht mehr zu gewinnen. Also versahen sie sich mit langen Stangen und Haken und eilten alle, gut aufgelegt und raublustig, aus dem Städtlein, um die ans Land drängenden Schiffe abzufangen und zu plündern. Doch waren sie nicht wenig überrascht, als sie von den bäumigen Ruderknechten mit Schwert und Spiess gar übel empfangen wurden. Und als sie sich ermannten und den Schiffern den unerwarteten Empfang heimzahlen wollten, gellte plötzlich aus dem offenen Städtlein ein grässliches Angstgeschrei und ein schauerliches: «Hilfio, Hilfio!»

Das lähmte ihren Mut, denn bald wurden sie inne, dass der gefürchtete Habsburger mit seinen Reitern ins Städtlein eingefallen war. Als dann noch aus seinen Mauern ein roter Rauch aufstieg, entfiel ihnen das Herz völlig, und sie flüchteten, so behände sie konnten, ins Unterholz auf und davon. Das Städtlein aber ist seither völlig verschwunden.

So hatten sich die Zürcher denn, mit des listigen Grafen Beistand, des letzten bösen Geschwürs entledigt, das ihnen bisher am Leib gesessen, und hatten sich nach allen Seiten eine ihrem Gemeinwesen wohlbekömmliche Ellenbogenweite erzwungen. Von da an ging's mit dem hochnäsigen Regensberger Freiherrn Lüthold immer schneller abwärts, und zuletzt bat er sogar die einst geringgeschätzten Bürger von Zürich um Aufnahme in ihre Mauern, was sie ihm auch gastlich gewährten, der abgetanen Späne und Stösse vergessend. Der ebenso kluge wie mannhafte Graf Rudolf von Habsburg aber wurde nachher zum deutschen Kaiser erkoren. Er wurde ein rechter Mehrer des Reichs, und heute noch sitzt ein Nachkomme von ihm auf dem Thron des Kaiser- und Königsreichs Österreich-Ungarn.

Vrenelis Gärtlein

Unter dem Albispass, im abseitigen traulichen Knonaueramt, das auch noch einen lustigen Übernamen hat, liegt ein stilles Bergwasser, der Türlersee. Obwohl er einen mit dem schönsten Blauauge von der Welt ansehen kann, hat er doch auch Zeiten, besonders gegen Abend, wo er düster dreinschaut. An seinem lieblichen, obstbewachsenen Gelände gedeihen seltene Blumen, und in den nahen Wäldern blüht gar der merkwürdige Aronstab.

Vor alten Zeiten nun gehörte dieses eigenartige Seelein, samt allen umliegenden Gütern, einer vornehmen Frau, die man Frau Vrene nannte. Sie war eine umtunliche, aber auch hoffärtige Frau, die keinen Spass verstand und gerne überall den Meister gemacht hätte.

So war's denn kein Wunder, dass sie sich mit den Helfenschweilern, die unter ihrem See im Jungalbis hausten, überwarf, und dass sie mit ihnen, der Landmarkung wegen, in böse und langwierige Streitigkeiten geriet.

Und da sie zwar einen harten Kopf, die Helfenschweiler Bauern aber auch keine Butterstöcke auf den Schultern hatten, kamen sie immer mehr auseinander und fingen an, sich zu Leid statt zu Lieb zu leben, wie es doch gerade Nachbarn, die sich immer wieder brauchen können, am zuträglichsten wäre. Als nun die Bauern im Weiler Helfenschweil, der am Flüsschen Jona lag, sich immer steckköpfiger gegen sie aufführten und ihre Grenzen wenig mehr in acht nahmen, wurde sie schier krank vor Ärger. Also gab sie der ruhigen Besonnenheit, die doch eines Menschen beste Waffe zu Wehr und Abwehr ist, den Laufpass, indem sie beschloss, den ungeheuer tiefen Türlersee durchs Jungalbisgebiet in die schönen Güter ihrer Widersacher in Helfenschweil abzuleiten, auf dass seine Wasser dort alles für ewige Zeiten in einen Sumpf verwandeln sollten.

Weil sie aber mit dieser schweren Arbeit selber zu keinem Ende gekommen wäre, rief sie vorbeiziehende fahrende Schüler in ihr Haus. Diese bewirtete sie aufs Freigebigste. Zuletzt schienen sie also von ihr eingenommen, dass sie ihr auf Anhalten versprachen, ihr bei der Ableitung des düsteren Sees mit all ihren Künsten behilflich zu sein. Und da sie mehr verstanden als andere Leute, so ging's nun mit dem Ableiten des unheimlichen Gewässers sehr rasch. Im Augenblick hatten die fahrenden Schüler einen höllentiefen Graben gemacht, und Frau Vrene stand immer bei ihnen und freute sich ihrer Behändigkeit. Und als nun der Graben bis hart ob die schwerbedrohten Güter ihrer Nachbarn ging, zog sich die stolze Frau feiertäglich an und begab sich zu den emsig arbeitenden fahrenden Schülern, denn nun sollte der letzte

Spatenstich getan werden. Alsdann würden die verheerenden Wildwasser ausströmen und wie der Weltuntergang über die Nachbarn hinunterstürzen.

Wie sie nun, also aufgeputzt, zu den fahrenden Schülern kam, sah sie eben, wie einer von ihnen am äussersten Grabenende stand, und wie er just den Spaten hob, um mit Zaubergewalt den letzten Durchstich zu tun und die Flut zu entfesseln.

Als er aber ins Angesicht der schadenfroh grinsenden Frau Vrene sah, lachte er gellend auf. Er drückte ihr den Spaten in die Hand und umarmte sie: «Du musst mit mir, du magst wollen oder nicht!», rief er aus und alsbald kam ein Windstoss und nahm sie mit fort über den Albisberg, über den Zürichsee hinauf, dass der entsetzten Frau Hören und Sehen verging.

Wie sie wieder zu sich kam, fand sie sich oben am Glärnisch auf einer kurzgrasigen, von Felsenmauern umgürteten Berghalde, die von den schönsten Alpenblumen bestickt und besternt war. «Da kannst du gärtnern!», sagte der fahrende Schüler zu ihr.

Auf einmal begann es zu schneien, und es schneite Tag und Nacht, bis sich der sonnenwarme Grünhang in einen hartkörnigen Firn und danach in einen pickelharten Gletscher verwandelte.

Dort steht nun die hochmütige, unversöhnliche Frau Vrene mit dem Spaten in der Hand als eine Eissäule bis auf den heutigen Tag und hält voll

Sehnsucht Ausschau nach den fernen grünen Höhen, in die der kleine, schwermütige Türlersee so schön eingebettet ist. Ihr Eisgärtlein aber heisst heute noch das Vrenelis Gärtlein.

Die Tauben von Greifensee

Am Greifensee, dessen Einsamkeit und Stille nur der Flügelschlag der Wildente und der Schrei des darob kreisenden Habichts unterbrechen, stand zur Zeit des alten Zürichkrieges ein geringes Städtlein, das ein festes Schloss, hart am See, abschloss und überwachte. Es war aber so eng mit städtischem Mauerring, dass auf dem Stadtplatz kaum der Brunnen Raum genug fand. Heute steht vom ehemaligen Stadtbild nur noch das eigenartige Kirchlein, das sein Türmchen stolz, wie eine Feder auf dem Hut, trägt.

Als nämlich die Eidgenossen der trotzigen, dazumal kurz mit Österreich verbündeten Stadt Zürich nicht anzuhaben vermochten, zogen sie über den Berg und legten sich ums Städtlein Greifensee, so gut sie konnten, denn auf einer Seite ging's eben ans Wasser. Obwohl sie nun mit ihrem spärlichen Belagerungszug die Mauern fleissig berannten und unablässig mit ihren Tummlern, Katzenköpfen, Steigleitern, Blyden und Schirmen aufs Städtlein losgingen, vermochten sie doch nichts auszurichten. Auch versuchten sie vergeblich den Turm von der Seeseite zu untergraben. Es wurden ihnen so schwere Steine aufs Floss geworfen, dass es mit einer Anzahl Leute unterging. Also liessen sie den

See sein und begannen, das feste Steinnest auszuhungern. Die tapfere Besatzung aber, unter ihrem kühnen Anführer Wildhans von Breitenlandenberg, höckte sich auf die Mauern. Dort spotteten sie der herumlagernden Eidgenossen und tranken ihnen in tollem Übermut zu. Das stachelte den Grimm der kriegerischen Hirten.

Aber sie dachten: «Wenn den Vögeln der Hanfsamen ausgeht, pfeifen sie vielleicht ganz anders.»

Auch blieben sie nicht untätig. Immer wieder machten sie sich an die Mauern, und zuletzt gelang es ihnen, den nicht allzufesten Stadtring zu nehmen.

Als sie nun ins Städtlein hineinstürmten, fanden sie nur einiges ärmliche Weibervolk, das mit seiner geringen Habseligkeit jammernd vor den brennenden Häusern herumirrte, aber die kampftüchtige Besatzung hatte sich in die starke Burg zurückgezogen. Da guckten die mageren Kriegsgenossen der Stadt Zürich durch die Schiessscharten auf die wohlgenährten, dielenfesten Schwyzer und ihre Helfer herab, und nun lachten sie nicht mehr.

Immer wieder schauten sie von ihrem hohen Luginsland gegen Fällanden und der Enden hinüber und hinauf gegen die Feste von Grüningen, ob ihnen denn nicht endlich ein Entsatz werden möchte.

Aber die blauweissen Farben des Zürcherfähnleins wollten nirgends aufgehen, nur ein paar Störche und Wildentenschwärme flogen ab und zu von

Schwerzenbach her über den See gegen Mönchaltorf.

Gleichwohl wehrten die Verteidiger des Schlosses, lauter verwegene und im Kriegshandwerk wohl erfahrene Burschen, alle Anläufe und Anwürfe der immer ungeduldiger werdenden Belagerer glücklich ab, bis es diesen am Ende doch gelang, eine grössere Bresche da in die Mauer zu bringen, wo sie am schwächsten war. Nun wurden die Leute in der wurmstichig gewordenen Festung mehr als nachdenklich. Und als nun auch der Hunger sie mit seiner Knochenhand zu würgen begann, so dass ihnen die Waffen in den Fäusten zu zittern anfingen, ergaben sie sich auf Gnade und Ungnade und liessen sich bescheiden aus der hart mitgenommenen Burg hervor.

Mit lachendem Ingrimm und knirschenden Zähnen empfingen sie die Schwyzer und ihr eidgenössischer Zuzug, und bald war es ihnen klar, dass sie keine Gnade zu erhoffen hatten. Nicht nur erinnerten sich die Sieger des Spottes, den sie von der meisterlosen Besatzung erfahren hatten, sie wollten auch Zürich und seine anderen festen Plätze durch ein abschreckendes Beispiel einschüchtern.

Also führten sie die heldenmütige Schar in das weite Feld, in dem die goldschopfigen Ilgen wachsen, gegen Nänikon, allwo die Gefangenen trotz dem herzzerreissenden Bitten und Beten der Frauen und Kinder mit dem Schwert hingerichtet werden sollten. Und es geschah auch so.

Als man aber dem zähfaserigen getreuen Helden, dem Wildhans von Breitenlandenberg, den Kopf abgeschlagen hatte, flog, es wusste kein Mensch woher, auf einmal über seinen Leichnam eine schneeweisse Taube, und als man seinen Hintermann köpfte, kreisten in ruhigem Flug zwei Tauben auf dem Richtplatz.

Und siehe da, jedes Mal, wenn wieder ein Kopf ins Riedgras rollte, erhob sich daraus ein Täubchen, und sah es alle Welt, nur die finster blickenden Krieger der Bergländer schienen es nicht zu gewahren.

Aber als ihrer zweiundsechzig Helden im Gras lagen, rauschte es ob den Sturmhauben der unerbittlichen Sieger gewaltig, und als sie aufschauten, sahen sie über sich einen Schwarm schneeweisser Tauben unermüdlichen Umgang halten. Da liessen sie des Scharfrichters Schwert ruhen, schenkten dem Rest der Verteidiger von Greifensee das Leben und zogen mit Trommeln und Pfeifen ab.

Die armen Frauen des Städtleins Greifensee aber stellten die Häupter ihrer lieben Helden zu einem Ring zusammen, weinten und beteten über sie, und danach verbrachte man die Leichname nach Uster, wo man sie begrub.

Aber da wo einst die ruhmgekrönten Häupter der Krieger von Greifensee im Kreis gestanden hatten, wuchs nie kein Gras mehr. Um die Gedenkkapelle, die dabei steht, könne man, wenn der Mond recht hell scheint, zur Stunde jener grausigen

Hinrichtung, einen Schwarm leuchtendweisser Tauben fliegen sehen.

Der Mo-Milch-Gubel

Eines der lieblichsten Täler des Kantons Zürich ist das Tösstal. Es ist sehr abwechslungsreich, und man mag schauen, wohin man will, man sieht immer etwas Anziehendes, bald eine heimelige Talnische, bald ein schmuckes apartes Dorfbild und überall Wälder und Hügel von froh stimmender Eigenart.

Aber hinten im Tösstal, ums Schnebelhorn, tut sich unversehens eine Wald- und Weidwildnis auf. Das Land, das sich eben noch idyllisch und friedvoll gab, ist wie mit einem Zauberschlag in einen geheimnisvollen Wildgarten und in eine Alp verwandelt. Es ist einem, es müsste alles aus den fernen Hochalpen über Nacht in diese sonst anders, gutartiger gestaltete Landschaft hineingesetzt worden sein. Felsenstürze, Runsen und Riesenen, undurchdringliches Holz und überall das märchenerzählende Rauschen der Töss umgibt uns, und aus dem verschwiegenen Dunkel der Tannen, Lärchen und Föhren schauen die sanften Augen des Rehs und erzählen ebenfalls Märchen.

Und es ist einem, die verschollenen Wildleutchen des Hochgebirges haben sich gewiss in diese Höhlen, Schründe und Waldgründe um die Strahl egg zurückgezogen. Alle Augenblicke erwartet man irgendwo eines aus seinem Dickicht oder von einer Fluh oder einem Felsnossen herabgucken zu sehen. Und wie auf den Hochalpen, wachsen in dieser vertragenen und wunderlichen Welt seltene, farbenfrohe Blumen.

Es war eines Nachmittags, da sass der Bauer, der am Eingang in diese Wildnis, unweit der wohlversteckten Tössquellen wohnte, vor seinem Haus in der Sonnenwiese und schaute sinnend zu den Flühen empor. Je länger er schaute, und je mehr die Dämmerung überhandnahm, kam es ihm vor, die Flühe und Felsen verwandeln sich in ungeheure Riesen und Untiere einer uralten Zeit.

Eben wollte er sich erheben und ins Haus hinein gehen, da hörte er hüsteln, und wie er aufsah, stand ein altes schwarz gewandetes Männlein vor ihm, das ihm gar fremd vorkam. Das wünschte ihm höflich die Zeit an und fragte um Herberge. Doch der Oberländer Bauer sah den so unversehens aufgetauchten Fremdling misstrauisch an. Der seltsame Alte mochte sagen, was er wollte, der Bauer blieb unvertrauig und eigenschirrig und liess ihn nicht mit einem Auge ins Haus.

Da sah sich das Männchen erst allseitig um, dann machte er sich ganz nahe zum ungastlichen Hirten und raunte ihm zu, er solle ihn doch über Nacht behalten, denn er wisse in der Nähe einen grossen Schatz, den er heben wolle.

Hatte der Sonnenwiesbauer bisher ein Gesicht gemacht, als hörte er sich das Armsünderglöcklein zu Zürich läuten, so war er jetzt einer wie ein Lediger, der die Kirchweihgeigen hört und nur noch eine Blume ins Knopfloch stecken will, um danach seinen Schatz zum Tanz zu führen. Er tat die Haus- und Stubentür sperrangelweit auf und schloss gar auf der anderen Stubenseite das Fenster, denn er fürchtete, der starke Luftzug, der von den Bergen kam, könnte ihm den Schatzgräber wieder vertragen.

Aber als er den Fremden nun mit einem dickbauchigen Krug Most, einem Brot, gross und weiss wie eine Schneewelle, und einem Glied Speck, dran sich zehn Schröter hätten satt essen können, am grossen grünen Kachelofen hatte, war der gesprächig und rückte aus.

Er erzählte ihm, wie er aus der Meerstadt Venedig herkomme, und wie er den Weg in dieses abgelegene Weltende des Tösstales, trotz aller Gefahren und Beschwerden, gefunden habe. Und nachdem ihm der Bauer wacker eingeschenkt hatte, und als er den Speck faustdick auf den Holzteller vor ihn hinlegte, rückt der Venediger völlig aus und verriet ihm, dass er morgen um Mitternacht in die Tössschlucht, wo der wilde Bergfluss seinen Ursprung hat, gehen wolle. Dort müssen ein merkwürdiger überhängender Felsen und darunter eine Höhle mit einer eisernen Türe sein, denn das habe er aus seinem Bergspiegel ersehen.

«Jawohl», sagte der Bauer, er kenne den Felsen, den man Mo-Milch-Gubel heisse, und die darunter befindliche Höhle wohl, doch hätte er sich immer schleunigst aus jener unheimlichen Gegend davongemacht, wenn er einmal zufälligerweise beim Holzen oder sonst wie doch verlaufen sei.

Also in jener Höhle, bedeutete nun der Alte, sei ein grosser Schatz verborgen. Er wolle ihm auch einen Teil davon geben, wenn er mit ihm morgen um die Geisterstunde durchs wilde Tobel nach diesem Mo-Milch-Gubel kommen wolle.

Das liess sich der Bauer nicht zweimal sagen, strahlend wie ein neuer Kupferkessel willigte er ein und trug nun den Most so fleissig auf, als wäre draussen Hochwasser, und er könnte ihn nur aus dem Tössbach hereinholen. Glückselig ging er dann mit seinem Gast zu Bett, denn es war ihm schon, er sehe die Goldstücke auf dem Boden herumliegen. Aber es waren nur einige Mondscheinkringel.

Als es nun anderen Tags gegen Mitternacht ging, erhoben sich der Bauer und sein merkwürdiger Gast, der Venediger, und trampten zusammen in die Nacht hinaus, um sich nach dem Mo-Milch-Gubel zu machen.

Der Bauer trug eine Laterne, denn die Nacht war so dickdunkel, dass man schier wie im Moor mit dem Torfschäufelein draus hätte Turben schneiden können.

Mit Ach und Krach brachen sie durchs Tobel, in dem alles mögliche Dickicht und Dornicht von Unterholz ihnen ins Gesicht griff und sich ihnen wie mit Krallen ans Gewand häkelte.

Aber endlich kamen sie unter den Mo-Milch-Gubel, der unheimlich über sie hereinhing.

Jetzt war es ziemlich hell, und vor sich sah der Bauer staunend eine eiserne Tür. Aber das Venediger Männlein legte die Hand auf den Mund und bedeutete dem anderen, dass er ja keinen Laut von sich geben und in allem ihn nachmachen solle. Also hielt der Bauer gar schön den Mund, sträusste aber dafür die Ohren, wie ein aufgeschreckter Hase, damit er drin ja jeden Ton wie in einem leeren Schneckenhaus auffangen könnte.

Dreimal klopfte der Venediger an die eiserne Tür. Beim dritten Schlag ging sie lautloser auf als ein Rosenblatt in der Morgensonne.

Und siehe, da zeigte sich im Eingang eine blendend weisse Jungfrau. Die aber war so schön, dass ihr ein steinerner Brunnenheiliger hätte nachlaufen müssen. Und wenn sie lächelte, wurde die Höhle taghell. Ihre Augen aber leuchteten also, dass sie einen noch durch eine Kirchhofmauer hindurch hätten blenden müssen. Und so blau waren sie, dass der Bauer danach alle anderen Farben verlor und die Welt nur noch blau sah.

Diese weisse Jungfrau winkte ihnen, und sie folgten ihr schweigend. Vor einer schwarzen eisernen Kiste blieben sie stehen. Auf dem köstlichen Beschlag des Kistendeckels aber lag ein grosser schwarzer Pudel.

Die Jungfrau machte ein Zeichen. Da sprang er hinunter, der Deckel ging auf, und nun erblickten sie zu ihrer namenlosen Verwunderung lauter lötiges Gold in runden, blitzenden Goldmünzen.

Der Venediger, nicht faul, nahm seinen abgründigen Sack, breitete ihn aus und begann mit beiden Händen in die Kiste zu greifen, wie die Buben in die volle Schnitztruhe, also dass er seinen Sack im Hui plattvoll hatte. Jetzt klappte der schwere Deckel wieder zu, und da hockte auch schon der schwarze Hund wieder drauf und machte Augen wie ein doppellöcheriger Herd.

Inzwischen hatte der Bauer aus der Sonnenwiese nur immer die schöne Jungfrau angestaunt. Seine Augen hingen an ihr wie Blutegel; er war wie versteinert und schien von allem nichts zu bemerken, was der Venediger tat.

Aber nun ging die Jungfrau wieder durch die Höhle zurück, und das fremde Männlein folgte ihr keuchend mit seinem vollen Sack auf dem Rücken, nach, und hinter ihnen drein stoffelte willenlos der Bauer, immer die weisse Gestalt anstarrend.

Unversehens gerieten sie vor die Höhle. Die Tür donnerte zu, und nun standen sie wieder mutterseelenallein in der finsteren Nacht, und nur der Mo-Milch-Gubel schimmerte in einem ungewissen Licht. Es war, als wollte er sich über sie herabstürzen. Die schöne weisse Jungfrau aber war für immer verschwunden.

Die behände Frau

Einst lebten die Zürcher mit ihren Eidgenossen in böser Fehde. Nämlich, sie hatten sich mit ihnen, mit den Schwyzern vorab, einer grossen Erbschaft wegen völlig entzweit. Beide beanspruchten die Länderherrlichkeit des verstorbenen Grafen von Toggenburg, des letzten seines Stammes. Und weil es eine draufgängerische Zeit war, gedachten sie den Streithandel gleich mit dem Schwert auszutragen. Und da die Zürcher inne wurden, dass die übrigen eidgenössischen Orte eher Schwyz recht gaben, verkündeten sie sich mit dem Herzog von Österreich zu Schutz und Trutz, und also war der Krieg gemacht.

Obwohl sich nun die Zürcher gar tapfer hielten, wollte es ihnen doch nicht gelingen, zu einem siegreichen Ende zu kommen; um so weniger, als ihnen Österreich nur wenig Beistand leistete. So hatten sie sich denn der ergrimmten Eidgenossen ziemlich allein zu erwehren.

Also kam es, dass diese eines Tages gegen die wohlbefestigte Stadt Zürich heranzogen. Die Zürcher aber fürchteten sich nicht. Sie rückten, ohne die österreichischen Ritter, die sie in ihren Mauern hatten, um Hilfe anzugehen, todesmutig vor ihren Stadtring, um die Hirten der Bergstände im Freien zu erwarten. Sie lagerten sich jenseits der Sihl, und da es eben ein heisser Tag war, liessen sie sich aus der Stadt Wein zutragen und sprachen ihm so fleissig zu, dass sie gar guter Dinge wurden und zu singen und lärmen anhoben.

Da brachen auf einmal die Schwyzer und Glarner mit «Haarus!» durch den Grünhag und fuhren also auf die übel überraschten Zürcher los, dass diese in arge Verwirrung gerieten. Zwar stellten sie sich mannhaft, doch vermochten sie dem ungestümen Anlauf der Bergler nicht standzuhalten, umso weniger, als die übrigen Eidgenossen aus den Ländern mit Wucht nachdrückten. Jetzt erinnerten sie sich wieder ihrer sicheren Mauern und liefen wie Hirsche über den Sihlsteg dem Rennwegtor zu.

Aber ein Mann, dem es zunächst an Ehre und Ansehen ging, Bürgermeister Stüssi, ein riesiger Krieger, stellte sich auf den Steg und hämmerte den anstürmenden Schwyzern und ihren Helfern also auf die Blechhauben, dass sie ihn für einen Grobschmied nahmen, denn es war ihnen nicht anders, als ihre Köpfe hätten sich in Ambosse verwandelt. So gross war das Heldentum dieses Mannes, dass auch nicht ein Schuh über den Steg kam. So ermöglichte er's dem Gewalthaufen der Zürcher, sich rechtzeitig in die Stadt zu retten. Jedoch, ein Habicht unter hundert Krähen ist nicht wohl aufgehoben. Es gelang den wilden Burschen aus den Bergen, den Riesen vom Steg ins Flüsslein zu reissen, wo er in Ehren seinen Tod fand.

Jetzt aber fegte der Sturm wieder hinter den Zürchern her und zwar so, dass die vordersten der feindlichen Krieger noch mit den fliehenden durchs Stadttor kamen. Das Tor stand sperrangelweit offen, niemand hätte es mehr zu schliessen vermocht. Noch ein kurzer Anlauf, und die Stadt wäre dem wie ein Rudel Wölfe heranstürmenden Hirtenvolk geworden und in Schande untergegangen.

Aber als nun alles hulterpulter ging, und alle Mannsleute der Stadt den Kopf verloren zu haben schienen, da gewahrte eine mutige Frau, namens Anna Ziegler, den drohenden Jammer.

Mit Manneskraft und behänder als ein Schlänglein wusste sie sich durch den flüchtenden Haufen zum Tor zu helfen. Und ebenso behänd und flinker als ein Hühnchen vor einem Fuchs machte sie sich die Stiege hinauf in de Torwarts Kammer und liess «rätsch, tätsch!» den schweren eigenpfähligen Fallgatter nieder rasseln, also dass die wütend anstürzenden Feinde ihre Blechhüte und Köpfe daran zerbeulten. Wie sie auch auf den dicken Gatter loshieben und lospütschten, nicht einer kam mehr in die Stadt.

Als nun die erschrockenen Zürcher inne wurden, dass ihre Feinde nicht mehr nachdrängen konnten, ermannten sie sich. Sie hasteten zurück und auf die Wälle, von wo sie mit Schiessen und Werfen die Hirten vertrieben. Andere eilten ans Tor, bei dem sie die wenigen eingedrungenen

Feinde erschlugen. Einer von diesen, der Landschreiber Küng von Glarus, hatte, sobald er den Gatter fallen sah, ein erobertes Fähnlein zwischen den Pfählen des Gatters hindurch, seinen Freunden zugestreckt und war dann als ein aufrechter Sohn der Berge gefallen.

Nun tummelten sich die Zürcher gar sehr und bald hatten sie den Feind völlig von den Stadtmauern weggebracht, der nun in ohnmächtiger Wut draussen brannte und schliesslich abzog.

Also hatten die Geistesgegenwart und die rasche Hand einer tüchtigen Frau die Stadt von Unehre und Jammer behütet.

Danach sind die Zürcher mit ihren Eidgenossen bald wieder eins geworden, und sie sind dann in gar mancher Schlacht durch das Blut ihrer gemeinsamen Feinde zusammengeschweisst worden, fester als je. Dass es so bleibe, das walte Gott!

Die Böcke von Hohenkrähen

Zur Zeit des alten Zürichkrieges, den die unternehmungslustigen Zürcher mit den Schwyzern und ihren Eidgenossen um die Erbschaft des Grafen von Toggenburg führten, tat sich auch eine Gesellschaft in der arg bedrängten Stadt zusammen, die ihr eine gute Wehr und Ehr und dem Feind ein grosses Ärgernis war. Diese Gesellschaft, die sich aus den sogenannten Schildern zum Schneggen zusammentat, nannte man ausserhalb die Böcke.

Diese Böcke nun, die lauter junges Mannesvolk waren, wussten ihrer Streitfreudigkeit und Luft zu gewagten Streichen kaum genug zu tun. Die Hirten der Bergländer, die mit der Stadt im Krieg lagen, hassten die denn auch inbrünstig. Niemand hatte ihnen hinterrücks so manche Fuhre essbarer, guter Sachen und Freuden spendender Weine weggeschnappt, wie diese geschwinden Böcke. Und niemand nahm ihnen mit List und guter Art oder mit bissigem Schwert so manchen fetten Fang Vieh und dergleichen wieder ab, wie diese anschlägigen Jungburschen.

Als es daher zwischen Zürich und den übrigen Eidgenossen endlich zu einem festen Frieden kam, wollten die Eidgenossen die Böcke, durch die sie so viel Spott, Unbill und Abbruch erlitten hatten, nicht mit in das endgültige Verkommnis aufnehmen. Was auch die Räte von Zürich redeten, und wie ihnen auch etliche der Ihrigen zusprachen, die Bergländer, und vor allem das eigenköpfische, eiserne Volk der Schwyzer, wollten sich mit den Böcken niemals versöhnen.

Also mussten die Räte und Regenten von Zürich, gern oder ungern, wollten sie den ersehnten Frieden haben, ihre lieben und besten Söhne, die Böcke, hievon ausnehmen. Es blieb ihnen kein anderer Ausweg, als sie bis auf bessere Zeiten zu verbannen.

Doch die lebensfreudigen Böcke beschlossen, sich mit Anstand in die Sache zu finden und auf Gott und ihren Witz zu vertrauen, der sie schon wieder aus der Klemme bringen würde. So kauften sie denn, da sie lauter wohlhabender Leute Söhne waren, die luftig gelegene Burg Hohenkrähen im Schwabendland, unweit des Rheins. Dort richteten sie sich häuslich ein und vertrieben sich die Zeit mit all den Dingen und Einfällen, die einer gesunden und sorglosen Jugend eigen sind.

Trotzdem sie nun so ziemlich alles hatten, was man zu einem behaglichen Leben braucht, und wovon wohl das Jungsein das Köstlichste ist, wurde ihnen nach und nach die Zeit lang. Und je leichtlebiger sie den Tag vertaten, desto mehr begann er sich zu strecken, und desto öfters fingen sie an, verstohlenerweise, aneinander vorbei, nach den heimatlichen Höhen und Bergen sehnliche

Ausschau zu halten. Schliesslich übernahm sie alle ein mächtiges Heimweh, was sie sich denn auch offen eingestanden. Und als sie nun einmal so weit waren, verleidete ihnen ihr fester Guckaus, so hoch und weit er in die Lande schaute, immer mehr, und zuletzt vermeinten sie's ausserhalb ihrer heimatlichen Stadtmauern nicht eine Stunde länger aushalten zu können. Aber was sie auch erdachten, alles wollte auf kein gedeihliches Ende zeigen. Aus der Stadt Zürich aber, wohin sie sich immer wieder wandten, wusste man ihnen auch keinen besseren Trotz zukommen zu lassen als die Mahnung, sie sollten sich in Gottesnamen schicken, bis ihre Feinde in den Bergtälern den Hass und Widerwillen gegen sie vergässen.

Da hätten sie aber lange warten können, denn was einmal sich in diesen Bauernköpfen drin festgesetzt hatte, blieb auch sitzen, und liessen sich also die feindseligen Gedanken weniger daraus vertreiben als eine in Eisen starrende Kriegerschar aus den vier Mauern einer Bergfeste. Alle gütlichen Vorstellungen, die ihnen die Böcke machten, waren für die Katz. Obwohl die Böcke nun keine Furcht kannten und sich wohl in ihre Stadt heimzukehren getraut hätten, liessen sie's doch bleiben, weil sie ihr Wort gegeben hatten. Das aber band sie an ihr Schloss, das ihnen mit jedem Tag zuwiderer wurde, so dass sie sich zuletzt weder im Becherlupf, noch Weidwerk oder sonstigem Betrieb zu erheitern vermochten.

Eines Tages aber machten sich etliche aus dieser verbannten Schar auf. Sie setzten über den Rhein und ritten talauf, talab durch die vorösterreichischen und schweizerischen Lande, bis sie an den See der vier Waldstätte kamen. Von dort liessen sie sich in einem schweren Nauen von Brunnen nach Flüelen bringen, dem urnerischen Hauptort, unter den gähen Abstürzen des Bannwaldes anlangten, besuchten sie den Landammann Fries, der ihnen als ein hochverständiger Eidgenosse bekannt war.

Der alte Landammann empfing sie denn auch freundlich, und trotz dem Unwillen der anderen Hirtenkönige im Dorf wagte er's, sie wahrhaft gastfreundlich zu bewirten. Bevor sie aber von ihm schieden, berieten sie ihn und fragten, was er wohl meine, was sie tun sollten, um wieder mit Glimpf und Ehre in ihre Stadt Zürich heimzukommen, da sie lieber sterben als ihr zeitlebens fern sein möchten.

Der alte Kriegsmann sann eine Weile nach, alsdann riet er ihnen, sie sollten einen besonders angesehenen Eidgenossen aus den Bergtälern auf irgendeine Weise zu fangen versuchen, ihn auf ihren Stein nach Hohenkrähen führen und ihn nicht losgeben, bis man ihnen die Heimkehr in ihre geliebte Vaterstadt erlauben würde.

Die Böcke bedankten sich herzlich für seinen Rat und seine mutige Gastlichkeit und verritten wieder und ritten, bis sie auf ihrem Schloss im Schwäbischen ankamen.

An einem schönen Sommernachmittag war's. Da fuhr das grosse Marktschiff von Wädenswil mit vielen Leuten gegen Zürich, um dort seine Waren zu Kauf zu bringen. Wie das Schiff nun unterhalb des lieblichen Uferdorfes Männedorf mit guten Winden dahinsegelte, stiessen auf einmal zwei schlanke Weidlinge vom Strand ab und hielten, flink wie die Drachen, auf das langsame Marktschiff zu.

Wie machten aber die Marktleute von Wädenswil, Richterswil und der Enden Augen, als sie die zwei schnellen Fahrzeuge voll von bewaffneten Jungburschen erblickten! Bevor sie jedoch aus der Verwunderung zu kommen vermochten, waren die Weidlinge schon am Marktschiff. Ein klirrendes Trüpplein sprang hinein und stellte sich gar artig vor einen aufrechten, graubärtigen Herrn, der mitten im Schiff sass, und den die Marktleute in Richterswil hatten einsteigen sehen.

«Gott grüss Euch wohl, Herr Landammann!», sagten sie. «Wir haben Euren guten Rat nicht vergessen und möchten Euch nun höflich einladen, mit uns auf Hohenkrähen zu kommen und uns dort mit eurer lieben Gesellschaft zu erfreuen.»

Der aber vor ihnen im Schiff stand, war niemand anderes als der Landamman Fries von Uri, der nach Zürich hatte fahren wollen, und die ihn nun umringten, waren wieder niemand anderes als ein behändes Schärlein Böcke von Hohenkrähen.

Da strich sich der alte Urner Landammann schmunzelnd den Bart, lachte ein wenig und sagte: «Ei, der Tausend, ihr Schalke, euch ist gut raten.»

Ohne Widerrede und viel Wesens ergab er sich in den Willen der Böcke, liess sich von ihnen in einen Weidling nehmen, und also schossen die zwei Fahrzeuge vor den Augen des verdutzten Marktvolkes wieder ans Ufer. Dort standen Pferde bereit, und also ging's wieder hinaus ins Schwabenland auf den hochragenden Burgstein von Hohenkrähen.

Bald kam die Kunde von diesem Überfall und Raub ihres hochgeachteten Hauptes ins Land Uri und in alle Bergtäler der Waldstätte. Und es erschienen nun auf Hohenkrähen Boten aus diesen Ländern, die unter furchtbaren Drohungen die Freilassung des wohlverwahrten Landammanns verlangten.

Aber man mochte den Böcken Ratsläufer in allen Farben schicken, sie schworen, den Landammann nicht herauszugeben, bis man ihnen die Heimkehr erlaube.

Einen neuen Krieg mochten aber die Bergbauern der meisterlosen Burschen wegen nicht anfangen, und aber auch den ihnen allen teuern Landesgenossen wollten sie nicht preisgeben. Also machten sie ihre grimmigen Gesichter hinterrücks und zeigten von vorne endlich ein freundliches Eingehen auf den Wunsch der Böcke, indem sie ihnen die Rückkehr in ihre Vaterstadt erlaubten.

Eines schönen Abends zogen denn auch die Böcke, lauter weidliche und herhafte Burschen, unter dem Frohlocken des ganzen Volkes in die Limmatstadt ein. In ihrer Mitte aber führten sie den freundlich lächelnden Landammann Fries von Uri, dem es unter ihnen gar wohl gefallen hatte.

Der versunkene Wald

Um den Bichelsee, der auf der Landkarte nicht gut oder auch gar nicht zu finden ist, weil er gar klein ist, scheint es nicht ganz geheuer zu sein. Früher befand sich dort, wo jetzt das Dorf Bichelsee reizvoll an der Thurgauer Grenze liegt, ein Schloss, und man erzählt sich, dass von seinem hochragenden Turm eine Kette über den See bis zur Burg Haselberg gespannt gewesen sei. Über diese Kette sei dann immer ein Eichhörnchen gelaufen, sicherer als die berühmten Seiltänzer aus dem Hause Karl Knie. Das habe in Gefahr drohenden Zeiten den Briefboten gespielt, indem es über die Kette Briefschaften von einem Burgherrn zum anderen getragen habe.

Einst, in alten Zeiten, rauschte da, wo jetzt der liebliche See in harmloser Neckerei den Blumen seinen Gischt in die Kelche spritzt, ein gewaltiger Eichenwald. Dieser Wald gehörte einer Witwe. Sie freute sich seiner sehr. Oft lag sie in seinem Schatten und sah den Sonnenkringeln zu, die im Moos und um die Baumstämme Fangmich und Verstecken spielten.

Aber ein gottvergessener Nachbar, der den schönen Wald auch gerne gehabt hätte, weniger der Sonnenkringel auf dem Moos, als der dicken nutzbaren Stämme wegen, verstand es, ihn ihr zu rauben.

Und da sie eine Wittfrau war und sich nicht genügend zu wehren wusste, wollte es ihr nicht gelingen, zu ihrem Recht zu kommen. So verlor sie denn die hundertjährigen Eichen für immer. Das nahm sie sich aber so zu Herzen, dass sie sich völlig unglücklich fühlte, denn der hohe Wald war ihr Stolz und ihre Hoffnung gewesen. In ihrem Zorn verwünschte sie den ihr so schändlich abgefrevelten Wald in den Boden hinein.

Jetzt ging ein grausiges, unheimliches Rollen und Schüttern durch die Erde. Sie erbebte. Wie ein feuerspeiendes Ungestüm zeigte sich plötzlich eine brandschwarze Wolke auf den Hügeln, die den Tag in Nacht verwandelte, und dann stürzte sich heulend ein Sturm auf den Wald los. Da zersplitterten die trotzigsten Eichen. Es krachte, blitzte und donnerte in einem fort und am Himmel erschienen Feuerzeichen aller Art. Die Erde schien zu stöhnen und zu zittern wie ein gequältes Tier.

Als sich die grauenvolle Finsternis wieder verzog, und als der alles reutende Sturm sich endlich legte und die schwarze Wetterwolke nur mehr von Weitem knurrte, wie ein böser Hund, den man an die Kette gelegt hat, war da, wo eben noch der Eichenwald gestanden hatte, ein dunkelgrüner See, der mit vielverschweigenden Augen ins Land schaute.

So hatte sich denn der Fluch erfüllt. Noch lange danach zerrissen die Fischer ihre Netze an den entwurzelten Eichenbäumen des Sees.

Die Leute aber sagen, der See sei unermesslich tief, und er stehe mit anderen, weit entlegenen Gewässern in geheimer Verbindung.

Die Kappeler Milchsuppe

Es war einmal, vor vielen Jahrhunderten, eine gar böse Zeit. In jenen unglückseligen Tagen der Religionskriege hatten sich die Eidgenossen ganz entzweit. Es war auch zwischen ihnen ein Glaubensstreit ausgebrochen. Also kamen sie auseinander. Und statt dass sie sich, wie es treuen, lieben Eidgenossen wohl angestanden wäre, trotz allen religiösen Meinungsverschiedenheiten der Köpfe, wieder mit den Herzen zu finden gesucht hätten, befehdeten sie sich auf alle Weise. Es war also ein schlimmer Krieg, der besonders zwischen den alten zähen Bergvölkern und dem allzeit regsamen und draufgängerischen Stand Zürich manchen argen Hau brachte.

Da war es denn wahrhaft wunderbar zu sehen, wie in diesem gemeinschädlichen und das gemeinsam Vaterland zerklüftenden Ringen sich die alteidgenössische Freundschaft doch hie und da, wie ein wohltuender Sonnenblick an Regentagen, offenbarte.

Nämlich, als nun die reformierten Zürcher den katholischen Ständen der fünf Orte Uri, Schwyz, Unterwalden, Luzern und Zug gegenüber zu Feld lagen, hatten die katholischen Schwyzer grossen Mangel an Brot und an all den essbaren Dingen, die ihre Bergtäler nach Brot gelüstig, wovon sie schon lange kein Krümchen mehr geschmeckt hatten. Und obwohl sie alles taten, um Brotfrucht ins Land zu bekommen, wollte ihnen das doch nicht gelingen, da die Reformierten ihnen alle Zufuhr abzusperren wussten.

Das plagte die Katholischen nicht wenig. Als nun eines Tages die zwei Widersacher einander der Grenze gegenüber lagen, erschien auf einmal ein Trüpplein aus den Bergländern, lauter stämmige Männer, in Hirthemd und Blechhut, an der Landesmark, und mit Verwunderung sahen die im Busch versteckten Zürcher, wie sie ein Gefäss, eine umfangreiche Milchmutte, auf die Grenze abstellten. Und jetzt sahen sie, wie ihnen die Hirten zuwinkten und riefen, sie möchten ihnen doch etliche gute Brotbrocken in ihr schönes Milchlein einbrocken.

Ohne langes Besinnen, und ohne an eine Falle zu denken, sprangen die herzhaften Zürcher folglich auf, griffen in ihre Schnappsäcke und rückten unverzagt auf ihre Feinde zu, die sie ebenso getrosten Mutes erwarteten. Wie sie nun an der Landesmark zusammenkamen, warfen sich alle ins Gras. Die Hirten rückten ihre Mutte genau auf die Grenzscheide, und sogleich begannen die Zürcher, dicke Brocken eines schmackhaften und ergiebigen Eigenbrotes in die Milchgumpe, auf der ein goldgelber Rahm lag, zu schneiden. Die Katholischen aber teilten jetzt ihre runden Löffel aus, und alsobald begann man von beiden Seiten nach den Brocken zu fischen, die dick und voll wie Schwämme, in der Milch lagen. Und da die Löffel keineswegs für Säuglingsmäulchen, sondern vielmehr für Ofenrohre schienen geschnitzt zu sein, so trachteten alle danach, eine nachhaltige Ladung unter Dach zu bringen. Besonders die brotgierigen Hirten packten ein, als ständen sie vor dem vierzigtägigen Fasten. Dabei kam es alle Augenblicke vor, dass bald von einem katholischen und bald von einem reformierten Löffel die Grenzlinie ausser Acht gelassen wurde und dass er auf feindlichem Gebiet nach fastigen Brocken fischte. Also begannen die Löffel lebhaft zu werden und Sprünge zu machen. Ehe sich's einer versah, bekam er eins über die Finger, sobald er über die Grenze langte. Und dann wieder ein anderer, und jetzt dieser, und jetzt der. Die Löffel klatschten nur so.

Dadurch gab's eine grosse Kurzweil: «Blyb uf dym Erdrych!», rief's bald da, bad dort und – tätsch! – hatte wieder einer eins auf den übermarchenden Fingern. Man wurde immer fröhlicher, sah sich wieder freundlich und freundeidgenössisch an und löffelte die Milchmutte so einträchtig aus, als wäre man zusammen an einer Mutterschoss aufgewachsen. Und mit tiefem Gram im Herzen, dass man sich nun wieder Leides statt Liebes antun sollte, ging man auseinander.

In dieser Zeit war ein angesehener Herr aus der den Zürchern befreundeten Stadt Strassburg am

See. Als man ihm nun dies Stücklein erzählte, rief er lachend aus: «Ihr Eidgenossen seid doch wunderliche Leute. Wenn ihr schon in Feindschaft lebt, so seid ihr doch unversehens wieder eins und vergesst der alten Freundschaft nicht.»

Das gebe Gott, dass es immer so bleibe!

Die goldene Kette

Es war einmal zu Irchenhausen, in einem Weiler am Pfäffikonersee, ein Bauersmann. Der besass ein kleines Heimwesen, das an den schweigsamen blauen See ging. So schön dieses Gütlein nun war, hatte er doch keine rechte Freude daran, da es ihn kaum zu ernähren vermochte.

Was ihn aber am meisten verdross, war eine eigentümliche, weitumgehende Mauerruine, die auf einem schönen Hügel unmittelbar am See lag, und von der die Leute sagten, sie sei in grauen Vorzeiten eine römische Burg gewesen. Jedes Mal, wenn er das merkwürdige Gemäuer ansah, ärgerte er sich, dass dieser unnütze Steinhaufen, wie er sagte, gerade den besten Platz in seinem bescheidenen Gut einnahm.

Aber eines Nachts, als er zufällig durch ein Fenster seines Holzhäuschens schaute, sah er auf dem nahen Hügel, auf dem das römische Kastell stehen musste, ein blaues Flämmchen flackern. Ein Weilchen schaute er dem Spiel des seltsamen Lichtleins zu, dann begab er sich zu Bett und vergass das Flämmchen. Als er jedoch am anderen Abend mit der Tanse auf dem Rücken heimzu trampte, glaubte er, in der Ruine am See das blaue Lichtlein wieder zu sehen.

Doch ging er in seinen Weiler hinein und machte sich, nachdenklich geworden, auf den Laubsack zum Schlafen. Aber er konnte nicht schlafen. Immer wieder gaukelte das wunderliche Flämmchen in seine Träume hinein und weckte ihn. Endlich erhob er sich, trat ans Fenster und schaute forschend in die sternenklare Nacht hinaus.

Da lief es ihm kalt über den Rücken, denn nun sah er deutlich die Umrisse der römischen Burgmauern und das immer an der gleichen Stelle geisternde blaue Lichtlein. Und da er hatte sagen hören, dass da, wo sich dergleichen Lichterscheinungen zeigen, immer ein Schatz vergraben sei, zog er sich an, und darauf machte er sich in die Nacht hinaus.

Alles war totenstill, als er ins Freie trat. Aus tausend und abertausend Augen schaute ihn der nächtliche Himmel an. Aber er sah all die goldene Sternenherrlichkeit nicht; seine Augen suchten das Schatz verheissende blaue Flämmchen. Und richtig, dort flimmerte es durch die Obstbäume.

Er sah sich um. Niemand war überwegs. Schier unhörbaren Schrittes ging er aus seinem Dörflein, übersprang einen Graben, und bald hatte er die zerfallene Mauer ob dem See hart vor sich. Immer zögernd schritt er vorwärts. Zuletzt blieb er immer wieder stehen, denn die Mauern, die ihm tags so vertraut waren, machten jetzt ein so fremdes, geheimnisvolles Gesicht. Es wurde ihm gruselig zu Mut, und schon war er drauf und dran, schleunigst wieder davon und heim zu laufen, da zuckte das blaue Flämmchen über die Mauer empor und tanzte immer auf und ab, dann verschwand es wieder.

Jetzt riss ihn eine wilde Gier nach einem allfälligen verborgenen Schatz fort. Er überkletterte die niedrige Mauer, und kaum stand er im Kastell, sah er hart vor sich, alleweil auf der gleichen Stelle, das blaue Lichtlein stehen. Darunter im Gestein spielte sein Widerschein. Nun machte er sich keck aufs Licht zu.

Als es aber auf- und abzusteigen begann, immer schneller und schneller, wie das Glaskügelchen im Springbrunnen, packte ihn die Furcht, und im Hui war er wieder über die Mauer und jagte ins Dörflein zurück.

Kaum befand er sich zu Hause, reute es ihn gewaltig, dass er sich so hatte verängstigen lassen. Erst wollte er wieder zurück, aber als er sich der Ruine zögernd zu nähern anfing, schlug es irgendwo die erste Stunde nach Mitternacht. Da versank das Lichtlein hinter dem Gemäuer und zeigte sich nicht mehr. Missmutig ging er heim.

Aber in der folgenden Nacht, als er das eigenfärbige Flämmchen zum dritten Mal auf dem Hügel am See auf- und absteigen sah, schritt er entschlossen, einen Karft auf dem Rücken, aus dem schlafende Weiler und seewärts.

Mutig überstieg er die Mauer, und siehe, da stieg das blaue Lichtlein wieder in einem fort, auf dem gleichen Fleck wie in der vorigen Nacht, auf und ab. Obwohl ihn einen Augenblick die Furcht wieder überkommen wollte, nahm er sich doch zusammen und stampfte drauf zu.

Kaum hatte er seinen Fuss auf die Stelle gesetzt, ob der das blaue Flämmchen zitternd stand, begann es ihn immer zu umkreisen. Er beobachtete jedoch sein Spiel nicht weiter. Aus Leibeskräften fing er mit seinem Karft zu graben an, und bald hatte er ein ziemliches Loch vor sich. Aber nichts zeigte sich. Schon wollte er sich enttäuscht abwenden, da meinte er, im Loch etwas glitzern zu sehen. Er stocherte mit seiner Hacke nochmals drin herum. Jetzt flimmerte und funkelte es drin, dass es ihn fast blendete. Er zog den Karft heraus, und siehe, es hing daran etwas Zappliges, Goldiges.

«Potztausend», lärmte er auf, «eine goldene Kette!»

Kaum hatte er's ausgerufen, so war zu seinen Füssen ein Schleifen und Rasseln, und nun sah er zu seinem Schrecken eine goldene Kette, wie eine Schlange, von ihm weg wieder ins Loch hineinschlüpfen und verschwinden; nur das letzte dicke Kettenglied blieb am Zinken seines Karftes hängen.

Eine Weile war er wie gelähmt. Dann schoss er auf den hängengebliebenen glänzenden Ring der verschwundenen Kette los und versorgte ihn im Wams. Drauf hieb und grub er wieder im Loch herum, bis er vor Hitze rauchte, aber ganz umsonst, die verschwundene Goldkette wollte sich nimmer zeigen. Und als ein fahler Schein sich auf den See legte, und als irgendein Hahn den werdenden Tag ankündigte, ging er kleinlaut nach Hause.

Wohl schaute er noch lange Zeit nachts zu dem geheimnisträchtigen Gemäuer hinüber, aber das blaue Flämmchen liess sich nie wieder sehen. Nun gefiel's ihm nicht mehr in der Gegend. Er verkaufte sein Gütlein und auch das sorgsam gehütete goldene Glied der verzauberten Kette. Das aber trug ihm zu seinem Erstaunen so viel ein, dass er sich davon in einer anderen Gegend ein stattliches und ertragreiches Heimwesen erwerben konnte.

Wer aber an den freundlichen Pfäffikonersee kommt, kann jenes merkwürdige Gemäuer aus der grauen Heidenzeit heute noch sehen, und wenn's gerade Mai ist, weht ein lauer Seewind wohl einen Jauchzer und rotweisses Apfelblust drüber hin.

Auf der Heidenburg

Dem freundlichen Hügelgelände von Bassersdorf sieht man's nicht an, wie ungeheuer es in jener Gegend ist. Dort gibt's einen waldbestandenen Hügel, der ein Aussehen hat wie der alte heilige Hain eines verschollenen Heidenvolkes, und ist vielleicht einstmals auch ein solcher gewesen. Kurzum, heute noch heisst man ihn die Heidenburg.

In Sturmnächten will man oft einen Reiter ohne Kopf, auf einem weissen Pferd, aus dem verrufenen Wald herausbrechen und zu Tal jagen sehen, wo er aber spurlos verschwindet. Auch wissen die Hellseher in Bassersdorf, dass unweit des Engelrain, an einem stillen Bach, eine weisse Frau umgeht, Frau Escher wird sie genannt. Sie bewacht den Steg, der über den Bach führt, und wer in böser Absicht drüber will, dem erscheint sie unversehens und winkt ihm drohend zurück.

Aber am unheimlichsten ist's beim Steinmürli. Dort gespenstert es seit Urzeiten. Nämlich, unter diesen römischen Mauerresten steht ein alter Baum, unter dem ein köstlicher Schatz verborgen sein soll. Obwohl es viele und vielartige Schatzgräber in der Welt gibt, den Schatz unter dem Baum hat bis heute noch niemand herausgebracht.

Einmal freilich versuchte es ein beherzter Mann. Er machte sich zur mitternächtlichen Geisterstunde zum Steinmürli-Acker und begann nach dem Schatz zu graben. Kaum hatte er die Hacke in die willige Erde versenkt, so stand ein wunderfeines Weib vor ihm, so dass er vor Schreck die Hacke fallen liess. Aber die schöne Frau bedeutete ihm, er solle nur mutig weiter graben, alsdann sei ihm der Schatz sicher. Er müsse jedoch noch zweimal kommen, bis er zu dem Schatz gelangen könne, und er müsse sie heute und in den zwei folgenden Nächten küssen.

Das dünkten nun den Schatzgräber keine allzu schweren Bedingungen, und also küsste er das schöne Weib, dass es schnalzte.

Getrosten Mutes erschien er in der nächsten Nacht wieder unter dem alten Baum. Aber als er zu graben anheben wollte, sah er vor sich eine grosse hässliche Kröte, die nun von ihm den zweiten Kuss haben wollte. Erschrocken prallte er zurück. Und wie sie ihn auch anäugelte, und so zärtlich er den Mund zu büscheln versuchte, er brachte es nicht über sich, die Kröte zu küssen. Traurig ging er heim.

In der dritten Mitternacht schlich er sich wieder zum Baum. Aber wie entsetzte er sich, als er unter seinem weitausladenden Geäst eine noch viel scheusslichere, riesenhafte Kröte kauern sah, die begehrlich nach seinem Kuss auszuschauen schien. Der Anblick dieses Scheusals hatte jedoch den Schatzsucher also erschüttert, dass er sich voller Entsetzen davon machte und für immer den Verstand verlor.

Ebenso wenig gelang es einem anderen Mann, den Schatz zu heben. Auch dieser wagte sich um Mitternacht zu dem verrufenen Baum und fing sogleich an zu graben. Als er eine Weile gelocht hatte, erschien auch ihm ein Weib. Das sagte ihm, er werde den Schatz sicher und heilig entzaubern und herausbringen, wenn er vorher einen anderen Baum, dessen Standort sie ihm genau angab, fälle. Aus diesem Baum müsse er aber eine Wiege zimmern, und sobald einst in dieser Wiege ein Kindlein weinen werde, sei der Zauber gebrochen und der Schatz sein. Dann verschwand das geheimnisvolle Wesen.

Nun ging der Mann nach Hause. Dann begann er nach dem angegebenen Baum zu suchen, aber obwohl er Wald um Waldung ablief, er konnte ihn einfach nicht finden. Endlich, nach langem Suchen, kam er dazu. Doch war zu seinem Verdruss und zu seiner Verwunderung das Holz dieses Baumes so steinpickelhart, dass er gar lange Zeit brauchte, bis er ihn zu Fall brachte. Bis er aber gar die Wiege aus diesem widerspenstigen Holz zuwege gezimmert hatte, dauerte es eine halbe Ewigkeit, und eines Tages musste er mit Tod abgehen, bevor ein Kindlein in der endlich fertigen Wiege lag.

Die Nixe des Hüttnerseeleins

Im Dörflein Hütten, das hoch ob dem Zürichsee, nahe bei einem Hügelseelein liegt, lebte einst ein Jüngling. Er hatte ein so schönes Angesicht, dass weit und breit herum weder die kleinsten Mägdlein noch die ältesten Grossmütter hätten sagen können, ob er barfuss oder in Schuhen mit goldenen Nesteln herumgehe, denn sie mussten nur immer seine blauen Augen anschauen.

Wo er auf einer Kirchweih erschien, beschauten ihn die hübschen Mädchen mit so grossem Wohlgefallen, dass er bald merkte, wie gern sie immer mit ihm allein getanzt hätten, und wie glücklich eine jede von ihnen wäre, ihn zum Lebensgefährten zu haben.

Er aber tanzte, kalt lächelnd, bald mit dieser, bald mit jener, und bevorzugte keine, woraus die Mädchen schlossen, dass er trotz seiner leuchtenden Augen und seiner goldenen Locken kein Herz habe.

Sie konnten eben nicht wissen, dass ihm fast allnächtlich die Nixe des nahen Hüttnerseeleins im Traum erschien, und dass er alsdann tagsüber immer ihr Bild vor Augen hatte, denn sie war noch schöner als sich ein eitles Mägdlein im Spiegel sieht, und das will etwas heissen.

Nach und nach verliebte er sich aber so sehr in die geheimnisvolle Wasserjungfer, dass er tags wie ein Traumwandler herumging und keinen Menschen mehr ansehen mochte. Die halbe Zeit des Tages, und oft auch in hellen Mondnächten, fuhr er in seinem Einbaum, den er sich aus einem Eichstamm zum Schifflein gezimmert hatte, auf dem kleinen See herum und starrte in die stillen Wasser. Zuweilen meinte er auch ein weisses Angesicht zu sehen, aber wie er allemal genauer hinschaute, war's der Widerschein der Sonne oder des Mondes im Nebel. Da wollte er dann jedes Mal fast verzweifeln. Umsonst rief er die Nixe mit vielen Seufzern an, sie wollte sich ihm nicht zeigen, und nur in seinen Träumen erschien sie ihm immer wieder.

Eines Abends aber, als er wieder ganz schwermütig in seinem Einbaum auf dem See herumtrieb, der in der Abendsonne wie ein goldener Schild glänzte, nahm er die Wasserrose, die er sich tief unten am Zürichsee geholt hatte, von seiner Brust und warf sie mit heissen Liebesschwüren ins Wasser.

Da war ein wunderliches, noch nie gehörtes Glucksen, Schnalzen und Quirlen im See, und jetzt meinte er, eine schneeweisse Hand aus der Tiefe herauf nach der Seerose greifen zu sehen.

Oder sollte es ein silberschuppiges Fischlein sein? Nein, nun sah er es deutlich. Wie eine lichte Muschel mit rosenrotem Herzen öffnete sich mit einem Mal eine Hand an der goldenen Oberfläche des Seeleins, und nun lag drin die weisse Wasserblume.

Wie verhext staunte der Jungknabe auf die Hand, und schier entsetzt fuhr er zusammen, als aus der stillen Flut unversehens ein wunderschönes Mägdlein auftauchte, das ihn noch süsser anlächelte als ein Weinberg voll reifer Trauben ein armes Büblein.

Also hatte er nun die Nixe des Sees vor sich, aber noch hundertmal schöner als sie ihm im Traum zu erscheinen pflegte. Von ihren Schultern aber floss ein fast durchsichtiges grünes Gewand. Es war noch viel feiner als ein Buchenbäumlein mit übernächtigtem, frischem Laub, durch das die Sonne scheint.

Und jetzt tat die Wasserjungfee die Arme weit auf und rief mit einer Stimme, die dem Burschen ins Ohr ging, wie dem angehenden Jüngferlein eine ferne Kirchweihmusik: «Komm herab zur Braut in die Flut!»

Da übernahm es ihn. Er schrie auf vor Seligkeit wie ein Kind, vor dem man plötzlich die Tür zum strahlenden Weihnachtsbaum aufreisst. Er glitt aus dem Schifflein in die Arme der Nixe, verschwunden waren beide in der Tiefe des Sees, nur ein paar Ringe trieben, immer grösser und grösser werdend, vom einsamen Einbaum weg, uferwärts.

Wohl suchte man im See, als man das leere Fahrzeug am Morgen fand, aber alles blieb umsonst; der schöne Jüngling wurde nie wieder gesehen.

Wie machten aber die Hüttner Augen, als kurze Zeit danach ihr blaues Seelein überdeckt war von den blendend weissen Becherchen der Wasserrose. War das eine Pracht! Von nun an verging kein Frühling mehr, ohne dass der stille See vom Blust der Seerosen weitherum aufleuchtete.

Niemand wusste, woher diese Wasserrosen auf einmal so überreich emporblühten. Nur einige, die tiefer sahen, machten wissend Augen und sagten es, wo man's hören wollte, dass sie diese wundervollen Wasserblumen aus dem Garten des Nixenschlosses hätten heraufwachsen sehen. Ja, einige Mägdlein, die beim Einnachten ein absonderlich feines Gehör bekamen, wollten schon an ruhigen Mondscheinabenden im Schilf des Sees ein geheimnisvolles Liebesflüstern vernommen haben.

Der Kirchhof zu Sellenbüren

Eines Tages schlenderte ein Büblein singend zum heimeligen Dorf Sellenbüren hinaus. Es hatte im Sinn, in den nahen Wald zu gehen und dort im Unterholz Erdbeeren zu suchen.

Es war ein sonnenvoller Sonntagnachmittag, und kein Mensch war über Feld; nur die Vöglein lobten Gott in ewigem Chor. Guten Muts trieb sich der Junge am Waldrand um. Er schaute dem Spiel der Eidechsen und Falter zu und begann, die Erdbeeren, die ihre roten Käpplein aus dem Moos streckten, zu pflücken.

Auf einmal kam es ihm vor, irgendwo im Busch gehe ein Glöcklein um. Es klang grad so, wie wenn das Versehglöcklein durchs Tal klingelt. Das wunderte ihn gewaltig, denn er war schon gar weit in den Wald hinein gekommen, aber eine Kirche hatte er niemals darin gesehen. Er schloff also durchs Unterholz, und es dauerte nicht lange, so lief er unter den Buchen und Tannen des Hochwaldes. Wohl hörte er das Läuten der Bienen hoch in den Baumkronen, aber immer deutlicher auch ein wundersam klingendes Glöcklein, das er noch nie zuvor vernommen hatte.

Da stolperte er über eine Wurzel und fiel hin. Als er aber wieder aufstand, sah er vor sich, rings von Wald umgeben, eine kleine Wiese, und die glänzte wie Gold und Silber und zwar so gewaltig, dass es ihn schier blendete. Jetzt fiel es ihm ein, dass ihm die Mutter erzählt hatte, es liege irgendwo im Wald ein verwunschener Kirchhof, um dessen Kapelle das alte Adelsgeschlecht derer von Sellenbüren begraben sei, und in dem ein Schatz von guten Geistern bewacht werde. Aber so oft die Leute auch nach diesem Friedhof gesucht hätten, noch nie sei er jemandem zu Gesicht gekommen.

Nun wurde es dem Knaben unheimlich. Er wollte sich schleunigst wieder in den Wald zurück und nach Hause machen. Aber als er den Fuss hob, gab es unter ihm ein feines Klingeln. Er sah zu Boden und gewahrte jetzt zu seinem Erstaunen zwei blitzende Goldstücke im Gras. Nun war er doch neugierig, und wie er um sich schaute, sah er, dass die ganze Wiese mit glitzernden und funkelnden Gold- und Silberstücken übersät war. Es sah aus, als wüchse statt der Blumen auf der Waldwiese lauter Geld.

Jetzt bemerkte er auch, dass zwischen diesem Gold und Silber wunderliche Geschöpfe, die nicht grösser waren als er, hin und her liefen. Noch nie hatte er etwas Lieblicheres gesehen. Ihre Kleidchen waren goldigweiss wie ein Firnfeld, auf das am Regentag unversehens die Sonne scheint. In den Locken aber, die aussahen wie gesponnenes Gold, lagen Kränze aus Sternenblumen, die also glänzten, dass sie einen doppelten Heiligenschein gaben. Es kam dem Büblein nicht anders vor, als ob lauter Sonnenstrahlen über die Wiese hin und her gingen.

Aber plötzlich hörte es das seltsame Klingeln wieder, und mit Schrecken gewahrte es widerliche Zwerge mit grauen Augen und ungeheuren Nasen, die umfangreiche Säcke auf die Wiese schleppten, und die sie, auf den Wink der lieblichen kleinen Wesen, allüberall ausschütteten. Jetzt merkte er, woher das wohltuende Klingeln und Läuten kam, das ihn hergelockt hatte.

Mit Andacht, ganz benommen von all dem Glanz und Wohlklang, schaute er ein Weilchen dem Treiben in der Waldlichtung zu, und mit einem Mal war von ihm alle Scheu wie weggeblasen. Mir nichts, dir nichts lief er in die Wiese hinein, also dass das Gold und Silber nur so wie Kieselsteine zur Seite sprang und rief aus: «Gebt mir auch von dem schönen Spielzeug!»

Die lieblichen Geistchen, die so fein und leuchtend waren, als hätten sie sich mit dem goldenen Strahlenwerk des Sonnenknäuels umwickelt, lächelten und winkten ihm freundlich zu. So griff er denn flink ins Gras und fing auf Tod und Leben an, die gleissenden Gold- und Silbermünzen einzusacken. Aber wie er einmal aufschaute, nahm er wahr, wie ihn die hässlichen Zwerge aus ihren grauen Augen schrecklich anstierten. Entsetzt sprang er auf und schoss, wie ein Haselhühnchen aus dem Busch, auf und davon, in den Wald zurück. Nicht ein einziges Mal sah er sich um und hielt auch nicht einen Augenblick an, bis er ganz erschöpft und keuchend vor seiner Mutter stand, die gerade die durchsichtige Wassersuppe auf den Tisch stellte.

Mit fliegendem Atem erzählte er ihr, was er gesehen und erlebt hatte und liess dann aus seinen Taschen die Gold- und Silbermünzen auf den Tisch tanzen. «O du Glückskind», schrie die Mutter auf, «du hast den Schatz gefunden!»

Rasch wie der Blitz holte sie den Vater aus dem Wirtshaus, und danach machten sie sich zu dritt, mit grossen Erdäpfelsäcken, der Kleine voran, aus dem Dorf, um im nahen Wald den verwunschenen Schatz zu holen.

Wohl liefen sie lange im Wald herum, bis ihnen vor Hunger die Ohren gnappten, und wohl blieb das Büblein scheu an einer kleinen Waldwiese stehen und behauptete steif und fest, da müsste der Schatz sein. Aber wie sie auch schauten, sie sahen nichts als gelbe und weisse Blumen. Wohl liefen sie die Wiese auf und ab, doch sie konnten auch dann nichts anderes wahrnehmen, als einen Schwarm weisser Falter und einen Umgang dicker leuchtender Hummel.

Kloster Rheinau

Es war einmal ein vornehmer Edelmann. Der hatte gar oft lange Zeit, denn er war alt und konnte weder im Turnier, noch bei den Damen oder bei sonstigem ritterlichen Zeitvertreib mehr glänzen. Die Jagd aber war ihm auch zu mühselig geworden und zu gefährlich, denn Hirsch und Wolf machten sich nicht mehr viel aus ihm. Als er aber vor lauter Langweile umkommen wollte, verfiel er dem Fischen.

Also machte er sich an den klingenden blauen Rhein, an dem er, just da wo heute die schöne Erkerstadt Schaffhausen liegt, bei einer Klosterfähre eine Fischenz besass. Da setzte er sich nun alltäglich in einen Nachen, hielt die Fischrute über die hurtig ziehenden Wasser, badete seine daran hängenden Lockwürmer und suchte also Stunde um Stunde nach bestem Vermögen abzutun.

Eines Tages, als er wieder im Schifflein sass und es ihn dünken wollte, die Minuten haben Krebsscheren an den Füssen und gehen hinter sich, wollte ihn der Schlaf übernehmen. Weil es ihm aber nicht geraten schien, sein Mittagsschläfchen im offenen Rhein abzuhalten, und da er auch nicht, wie ein Hase, mit offenen Augen zu schlafen vermochte, lenkte er, schlafschwer, seinen Nachen in eine wohlgeschützte Bucht, legte sich nieder und nickte bald ein.

Ermochtenochnichtlangeim Schlummergelegen sein, so überkam ihn ein eigenartiger Traum. Es war ihm, sein Schifflein fange an, aus der ruhigen Bucht hinaus zu treiben, es schwimme mitten in den breiten Rhein hinaus. Und dann war es ihm, als ob die hurtigen Wogen sich in Schultern verwandelten, die seinen leichten Fischernachen gar behänd davontrügen. Auch schien es ihm, sie wachsen immer höher an und schwingen ihre Schaumkrönlein über sein Gesicht. Und jetzt meinte er, irgendeine Domglocke läuten zu hören. Aber es war daraus ein Rauschen und ein Brausen wie der Föhn im Bergwald. Und nun wollte es ihn dünken, sein Nachen habe Flügel bekommen, denn er begann zu fliegen.

Und jetzt war ihm, er höre donnern und sehe von allen Seiten Lawinen zu Tal fahren und sein Schifflein hebe auf einmal ein fröhliches Hüpfen an, wie ein vierzehntägiges Zicklein. Nun schiesse es gar davon; ein brodelnder Hexenkessel tue sich auf, über den es wie ein Steinbock hinweg springe, und jetzt packe es ein toller Schneewirbel. Fuhr er denn da nicht mitten durch eine brausende Orgel? Und nun gar unter einem dreifachen, zerstäubenden Regenbogen durch?

Doch auf einmal war ihm, es werde alles still und sein Nachen gehe ruhig und herrlich über die Wasser, wie das goldene Schühlein eines Königskindes über einen blausamtenen Teppich.

Jetzt stiess er irgendwo an, und der Edelmann erwachte. «Ei», sagte er, «wie habe ich denn so fest geschlafen und so gespässig geträumt!»

Da sah er sich um und sank totenbleich in den Nachen zurück. Er fand sich nicht mehr in der stillen Bucht, in die er sein Fahrzeug doch selber gelenkt hatte, sondern an einem anderen Ufergelände, weit unterhalb des Rheinfalls. Er meinte, vor Entsetzen umzukommen. Also war er im Schlaf aus seiner ruhigen Bucht gerissen und über den donnernden und blitzenden Wasserfall hinuntergetrieben worden. Und die wilden Fluten hatten ihn nicht verschlungen, und die versteckten und offenen Riffe hatten ihn nicht zerschmettert, und die tückischen Nixen hatten ihn nicht in ihre Höllentiefen zu reissen vermocht! Da gingen ja die Wogen des Rheinstromes ruhig und kraftbewusst, wie ein mächtiges Kriegsvolk, ihren stolzen ewigen Gang.

Von Entsetzen gepackt, sprang er ans Bord und liess den Nachen Nachen sein. Voll Dankes gegen den Gott, der ihn und sein schwaches Boot durch all das Grausen fest in der Hand gehalten hatte, warf er sich auf die Knie, pries laut des Herrn Güte und gelobte feierlich, an der Stelle, an der er gelandet war, ein Kloster zu gründen.

So entstand denn an jenem herrlichen Rheinufer ein grosses schönes Kloster, die Benediktinerabtei Rheinau, deren Bogenfenster sich heute noch im Rheinstrom spiegeln.

Die Kirche zu Wyla

Im schönen Tösstal steht auf einem Hügel im Dorf Wyla die alte gute Kirche. Sie hätte nicht hübscher platziert werden können.

Bevor man sie aber auf diese prächtige Anhöhe stellte, befand sich darauf ein allerliebster kleiner Garten, der so voll war von den auserlesensten Blumen, dass man ihn durchs ganze Tal zu riechen meinte.

Etwas unterhalb des Hügels aber stand ein bescheidenes Schlösschen, in dem der jüngere Bruder aus dem alten Geschlecht der Herren von Breitenlandenberg lebte.

Während nun dieser jüngere Breitenlandenberg ein gar verständiger und gutgesinnter Herr war, der seinen Untertanen nach Kräften beistand und ihr Wohlergehen zu fördern trachtete, war sein älterer Bruder, der die Stammburg des Geschlechtes bewohnte, ein wilder, roher Geselle, der niemandem zu lieb, aber allen, wie und wo er konnte, zu leid lebte.

Das hatte den jüngern Bruder so sehr geplagt, dass er seinen bösen Bruder nicht nur vor Gottes Strafgericht warnte, sondern dass er sogar tiefbetrübt das väterliche Schloss verlassen und also das Burglein im Dorf Wyla bezogen hatte.

Da befand er sich nun recht wohl, mitten unter seinen ihm treu ergebenen Bauersleuten. Und statt dass er, wie sein Bruder, tagaus tagein irgend einem unguten Zeitvertreib und einer tollen Jagd frönte, liebte er's, beim Klang der Feierabendglocke, die gar traulich von Turbental herkam, sein reizvolles Gärtlein auf dem Schlosshügel zu begehen und zu pflegen. Er liess es auch mit einem Mäuerlein umgeben, das nach und nach ein duftiges Laubgerank umspann.

So hätte sich denn der jüngere Herr unter seinen Getreuen von Herzen freuen können, wäre nicht sein älterer Bruder gewesen. Dieser aber hasste ihn und versuchte ihn auf jede Weise zu ärgern und gegen sich aufzureizen.

Aber obschon er ihm oft übel mitspielte, vermochte das den jungen Edelmann nicht aus seiner bedachtsamen Ruhe herausbringen, da er sein Blut und jegliche lauernde Leidenschaft heldenmässig zu meistern wusste. So blieb er seinem Bruder gegenüber Sieger, obschon er ihm nie Böses mit Bösem vergalt.

Dadurch gewann er bei den Talleuten immer grösseres Ansehen. Er kam ihnen vor wie ein Fels, auf den sie lieber bauen und vertrauen wollten als auf den unbändigen Sturmwind im alten Schloss Breitenlandenberg. Das vertiefte aber den Hass des älteren Bruders gegen seinen jüngern noch mehr, und zuletzt war er ihm so spinnenfeind, dass er ihm blutige Rache schwor.

Als nun eines Tages ihr junger Herr nicht aus dem Wald heimkehrte, suchten ihn die Leute von Wyla, und da fanden sie ihn denn, in seinem Blut liegend, im Gehölz. Er war schon kalt und tot und sein Herz von vielen Dolchstichen zerrissen. Traurig trugen sie ihn heim, allwo sie ihn auf dem Burghügel mitten in seinem Gärtlein begruben. Der ältere Schlossherr liess sich weder beim Begräbnis noch sonst jemals mehr in Wyla blicken. Auch tat er keinen Schritt und rührte keinen Finger, den oder die Mörder seines Bruders ausfindig zu machen.

Das Volk aber machte sich hiezu seinen eigenen Vers und glaubte, wohl zu wissen, wo der Mörder ihres gütigen Herrn allenfalls zu finden wäre. Nun wurde das Testament des jüngeren Breitenlandenberg eröffnet. Daraus erfuhr man, dass er den Bau einer Kirche für Wyla angeordnet hatte, denn bis anhin waren die Leute von Wyla in Turbental kirchengenössig gewesen. Das freute das ganze Tal. Sogleich gingen die Wylaer daran, ihres lieben Herrn letzten Willen zu erfüllen. Sie gedachten, die Kirche auf einem anderen Hügel, auf der Grossackerhöhe, zu erbauen und bestimmten hiefür Frontage an.

Wie nun der Frühling seine Schneeglöcklein an die Ufer der weidlich durchs Tal wandernden Töss setzte, begannen sie an den ersten schönen Tagen Steine und Holz auf die Grossackerhöhe hinaufzuziehen. Aber wie erstaunten sie, als am anderen

Morgen Bauholz und Bausteine im Schlossgärtlein um das Grab des edlen Breitenlandenbergers lagen!

Das konnte doch wohl nicht mit rechten Dingen zugehen. Gleichwohl schafften die zähen Bauern den ganzen Tag danach wieder Bauzeug auf die Grossackerhöhe.

Aber am anderen Morgen lagen all das Steinwerk und die schweren Trämel, die sie unter Schwitzen und Dämpfen auf die Grossackerhöhe gebracht hatten, wieder auf dem anderen Hügel, im mauerumfriedeten Schlossgärtlein.

Jetzt trauten die Wylaer der Geschichte gar nicht mehr. Sie blieben jedoch still, und mit Ach und Krach führten und schleiften sie wieder gewaltige Steinblöcke und Bäume auf die Grossackerhöhe. Als es nun einnachtete, kehrten sie wieder in ihre Hütten zurück.

Einige Bauern aber blieben, geheimer Abrede gemäss, beim Hügel zurück, um zu erfahren, wer denn eigentlich ihre Mühsal immer wieder zuschanden mache. Nicht ohne heimliches Bangen lagen sie in ihrem Versteck im Unterholz. Aber alles blieb ruhig, und das Rauschen der ewig wachen Töss begann, sie einzuschläfern.

Gegen Mitternacht mochte es sein, da sahen sie auf einmal im Mondschein kaum sichtbare Taunebelchen aus dem Fluss steigen, und plötzlich gewahrten sie, wie sich diese zu wunderlichen und ungeheuerlichen Gespenstern auswuchsen, und wie sie gegen die Grossackerhöhe heraufschwebten. Wie wurde ihnen aber erst, als sie sehen mussten, wie diese Nebelgeister sich hinter Bauholz und Steine, die sie eben erst hinaufgezogen hatten, machten, und wie sie die umfänglichsten Steinblöcke und die schwersten und längsten Hölzer aufhoben und in ihren wehenden Nebelschürzen geradewegs durch die Luft ins Schlossgärtlein hinüber trugen, als wären es Zwetschgensteine und Tannzapfen. Sie wagten kaum zu atmen. Wie aber alles hinüber geschafft war, stiegen die Nebelgespenster himmelan. Sie ballten sich unversehens zu Wolken, die im Hui den Mond verschlangen. Jetzt machten sich die Bauern schleunigst nach Hause.

Als nun am anderen Morgen das Bauzeug wieder wirklich im Schlossgärtlein lag, war es ihnen himmelklar und föhnlauter, dass der nächtliche Spuk wohl nach des ermordeten Burgherrn Willen getan hatte, und dass ihr Junger sein Grab im Gärtlein auf dem Hügel haben wollte. Sie taten also danach und begannen mit allem Ernst und Eifer, das Haus Gottes im Schlossgärtlein aufzubauen, von wo es heute noch gar freundlich in die heimelige Talschaft hinab schaut. Der darum liegende Kirchhof aber ist heute noch erfüllt vom Wohlgeruch der Rosen.

Die Versöhnung

Einst geschah es in unserem Schweizer Vaterland, dass sich die beiden hochangesehenen, kampfbewährten Hauptleute Zurkinden von Zürich und Arnold Winkelried von Nidwalden, ein Nachfahre des ewig unvergesslichen Helden von Sempach, schwer beleidigten. Seither hassten sie sich grimmig. Man wagte es nie getrost, die beiden tatkräftigen Krieger zusammenkommen zu lassen. Allezeit fürchteten nämlich ihre hierüber betrübten Eidgenossen, sie möchten sich aneinander machen und sich gegenseitig zuschanden hauen.

Aber als nun der Schwabenkrieg ausbrach und die Eidgenossen schleunigst, in Eilmärschen, gegen den deutschen Kaiser Max zu Feld zogen, war es nicht zu verhindern, dass die verschiedenen Landesbanner zusammengetragen wurden, und dass also auch die zwei Grimmbärte von Zürich und Unterwalden, Zurkinden und Winkelried, sich im Hauptlager der Schweizer zusammenlassen mussten.

Doch war es den Führern der Völker aus all den eidgenössischen Gauen bei der Sache nicht wohl, denn mit Betrübnis bemerkten sie, wie sich die zwei sonst so biederen Männer herausfordernd ansahen, wenn sie sich begegneten.

Und da sie ihren Heerhaufen die tüchtigsten Hauptleute in dieser gefährlichen Zeit besonders gerne erhalten hätten, hielten sie zusammen einen Ratschlag. In diesem beschlossen sie, die zwei Hasser vor sich kommen zu lassen.

Und als nun die beiden Hauptleute Zurkinden und Winkelried vor den Heerführern und Landammännern standen, redeten sie ihnen heiligen Ernstes zu, sie möchten doch ihre eigenen, persönlichen Streithändel vergessen und des hartbedrängten Vaterlandes gedenken und wenigstens so lange Frieden und Eintracht im Lager nicht stören, bis der Krieg mit den Schwaben so oder anders zu einem Ende komme. Nachher aber, falls sie sich dann noch nicht eines Besseren besonnen hätten, könnten sie ja ihren bösen Streit männlich mit dem Schwert ausfechten.

Die beiden stolzen Krieger sahen sich mit keinem Auge an, gelobten jedoch den Landeshauptmännern feierlich in die Hand, dass sie während des Krieges ihre Fehde nicht beachten wollten.

Da geschah es eines Tages, dass sich Arnold Winkelried, der Nidwaldner, bei einem Streifzug in Feindesland, gar zu weit vorwagte. So kam es, dass er sich auf einmal von Kaiser Maxens Reiterei überrascht und umringt sah und trotz aller Tapferkeit und Fechtkunst es nirgends zu einem Ausschlupf brachte. Immer mehr drückten die Reiter auf ihn, und obwohl er sie sich mit seinem doppelschneidigen Schweizerschwert handlich vom Leib hielt und manch einem aus dem Sattel half, sah er doch ein, dass er nächstens erschlagen oder gefangen werden würde.

Unterdessen hatte aber der Zürcher Hauptmann Zurkinden vom Überfall und der Bedrängnis Winkelrieds Wind bekommen. Flink sass er mit einem Tross seiner Leute auf und fuhr unversehens und wie das heilige Donnerwetter also über die kaiserlichen Reiter her, dass es ihnen die Blechhüte samt den Köpfen zu Boden hagelte, und dass ihre erschreckten Pferde die Beine verwarfen, wie ein aufgescheuchter Hase die Löffel, und durchgingen. Im Hui war der zum Tod erschöpfte Winkelried befreit, was ihm gewaltig zu Herzen ging. Doch stumm und kalt ritt er vor seinem Befreier Zurkinden her davon, worauf ihm dieser ebenso schweigsam nachfolgte, auf eines Kriegsknechts Ross reitend, denn das seinige war ihm im Kampf abgestochen worden.

Es mochten seit dieser treueidgenössischen Tat ein paar Tage vergangen sein, da gab es im Lager bei den Zelten der Zürcher ein grosses Aufsehen. Nämlich, vor Zurkindens Zelt hielt der Held aus Nidwalden, Arnold Winkelried, in voller Rüstung. Er sass auf einem prächtigen edelrassigen Hengst, den er zuvor dem Feind abgenommen hatte und lud mit gewaltiger Stimme seinen Todfeind Zurkinden heraus.

Schmerzbewegt hörte dieser den Hauptmann aus Unterwalden, den er doch erst aus einem feindlichen Knäuel herausgehauen hatte, nach ihm rufen. Aber er besann sich nicht lange und schritt bald, ebenfalls in blinkendem Harnisch und wohl bewehrt, aus seinem Zelt, um den wider alle Abrede aufgezwungenen Zweikampf mit Gotteshilfe siegreich auszutragen.

Doch vor dem Zelt standen schon die Anführer der Eidgenossen und versuchten mit Wort und Gebärde und voll Betrübnis und Unmut die beiden Helden von einander abzuhalten.

Aber kaum hatte Winkelried den Zurkinden erblickt, sprang er vom Pferd und rief mit bebender Stimme: «Sei unbesorgt, ich komme in guter Meinung. Meinem Retter will ich danken, und seinen Dienst kann ich nicht unvergolten lassen. Nimm diesen Hengst von mir an!»

Jetzt stürzten die beiden Starkmütigen auf einander los und umarmten sich vor den hocherfreuten Heerführern und dem ganzen Lager von Herzen. Die zwei Hauptleute hielten denn auch von da an bis an ihr seliges Ende eine bodengute, felsenfeste Freundschaft.

Der schwarze Tod

In der Gemeinde Fischenthal im Zürcher Oberland, und zwar hinterm Tössstock, gibt es ein reizendes, sonnenvolles Tälchen. In dieser Talwiege nun liegt ein einsamer Weiler, Pesten genannt. Von da aus soll denn einst die Pest oder, wie diese grausige Krankheit genannt wurde, der schwarze Tod durchs Land gegangen sein und seine unglaublichen Verheerungen angerichtet haben.

Nämlich, eines Tages sassen die ehrsamen Bauersleute im damaligen einzigen Bauernhof beim Morgenessen. Wie sie nun mit ihren Messern an dem gewichtigen Laib Bauernbrot herum fochten und die vielfassenden Milchkacheln bei den Ohren nahmen und ausschlürften, so dass sie nicht einmal dazu kamen, übers Wetter zu reden, sahen sie vor dem Fenster plötzlich ein eigenartiges Vögelein. Noch nie hatten sie so eines zu Gesicht bekommen.

Da nahm der Hausvater die Milchkachel vom Mund und sagte:

«Jetzt schau mir einer den wunderlichen Vogel an, der ist kein hiesiger.»

«Nein», sagte die Mutter, «es ist kein hiesiger.»

«Es ist, mein Gottseel, ein fremder Vogel», redete der Bauer weiter, nachdem er einen ausgiebigen Brocken weissen Zieger heruntergeworgelt hatte.

«Ja», stimmte die Bäuerin bei, «es ist ein fremder Vogel.»

Und die ganze Familie um den kuhbeinigen Tisch glotzte das seltsame Vöglein an, das still vor dem Haus auf einem Baumast kauerte. Obwohl nun der kleinste Bub fürs Leben gern auch etwas gesagt hätte, kam er doch nicht dazu, weil er eben ein riesiges Ringelum Brot zwischen den gehauigen Zähnen hatte.

Aber auf einmal horchten alle auf.

«Das Vöglein singt!», rief jetzt der Jüngste.

«Pest, Pest, Pest», sang das Vöglein gar traurig, in einem fort, vor dem Fenster.

Da wurde ihnen allen gar trübselig und schwer zu Mute, und sie wussten doch nicht warum. Mit krankhaft glänzenden Augen sahen sie sich an, und es war ihnen, irgendetwas Ungeheuerliches lauere vor der Tür und verlange Einlass. Das Vöglein aber war weg.

Als sie sich nun erhoben, um ans Tagwerk zu gehen, blieb die junge Magd still sitzen, blickte stier vor sich hin und war totenerdenbleich, fast grün im Gesicht. Da erschrak die Bäuerin und sagte: «Geh zu Bett, Züseli, du bist nicht wohl!»

Doch das Mädchen bekam mit einem Mal schwere Krämpfe, und nach einer Stunde lag es tot und fast ganz schwarz im Gesicht auf dem Ofenbänklein.

Jetzt wussten die Leute im Hof, dass sie das traurige Vöglein nur zu gut verstanden hatten.

Voller Entsetzen bahrten sie den Leichnam ihrer jungen Dienstmagd auf, und der jüngste Bub musste ins Tal hinunter, um den Pfarrer und den Totengräber zu berichten.

Es dauerte nicht lange, so rumpelte ein schwerer Wagen ins Tälchen hinauf. In diesem nun fuhr man, unter dem Wehklagen der Familie, die Verstorbene talwärts.

Unterdessen war jedoch die Pest schon voraus und hatte mit leisem todbringendem Finger an gar manche Tür, an gar manches Herz im Tiefland angeklopft. Denn zum Schrecken der Fuhrleute standen da und dort vor den Häusern schon Leichen zum Mitnehmen aufgebahrt. So geschah es, dass die Fuhrleute fragten, wenn sie wieder zu einem Haus kamen, ob man etwas Totes drin habe, und immer kam die traurige Antwort zurück: «Ja».

Nur aus einem Haus, nahe bei der Kirche, wo sie eine Mutter ihrem Kind die langen Blondzöpfe machen sahen, erhielten sie auf ihre Anfrage den tröstlichen Bescheid: «Nein, hier gottlob noch alles gesund und wohlauf!»

Also führten sie ihre Leichen, die der schwarze Tod gezeichnet hatte, im Wagen auf den Kirchhof. Da sahen sie, dass sie zwanzig Gräber auftun mussten, um sie begraben zu können.

Doch der Herr über Leben und Tod hatte noch nicht fertig geerntet. Die Pest hielt einen langwierigen Umgang im Land. Die Leute mochten sich von einander absperren wie sie wollten, sie mochten sich auf die Alp oder in unwegsame Wälder flüchten und verkriechen, der schwarze Tod fand sie überall. Auch die Mutter, die ihrem Kind das Haar gezöpfelt hatte, als man die erste Leiche auf den Gottesacker fuhr, fand man schon am anderen Tage mit ihrem Töchterlein als schwarze Leichen. Ein grässliches Sterben ging an; die Leute mieden sich, wie man heute noch sagt, «wie die Pest».

Wie Schatten, wie das graue Elend huschten sie aneinander vorbei, wenn sie sich begegneten. Hörte einer den anderen niesen, so rief er ihm voller Entsetzen zu: «Helf dir Gott!» Denn sie hatten bemerkt, dass der schwarze Tod die von ihm Überfallenen zuerst zum Niesen zwang, worauf sie bald starben. Also kam eine grosse Menge Menschen um, junge und alte, schöne und hässliche, reiche und arme. Es gab viele Häuser, die verödeten, weil sie völlig ausgestorben waren.

Während all dieser Landesnot und grossen Trübsal hatten die Leute im Bauernhof, in dem die erbarmungslose Krankheit begonnen hatte, sich in Angst und Bangen auf neue Opfer gefasst gemacht. Mit Furcht und Zittern erhoben sie sich des Morgens, und mit Furcht und Zittern legten sie sich abends auf ihre Laubbetten. Und obwohl die Sommersonne mit ihren goldenen tausendfältigen Nadeln die schönsten und feinsten Farben in die Gelände gestickt hatte, vermochten sie sich doch ihres Lebens nicht freuen.

Tag für Tag kamen irgendwoher die verlorenen, warnenden Töne eines Totenglöckleins. Sie wagten sich kaum mehr anzureden, ja anzusehen, weil sie fürchteten, in der Stimme oder in den Augen des anderen den schwarzen Tod zu gewahren. Wenn aber dem jüngsten Büblein doch ein Jauchzer aufsteigen wollte, um mit den Lerchen ins Blaue zu wandern, schauten ihn die Eltern also an, dass sich der Jauchzer schleunigst im untersten Winkel seines Herzens wieder versteckte.

Als aber Woche um Woche, Monat um Monat vergingen, ohne dass sich in ihrem Hof auch nur das mindeste Unwohlsein bemerken liess, fingen sie an, etwas aufzuatmen. Sie erhoben ihre Herzen und ihren Sinn wieder getroster zu Gott und machten sich wieder fleissiger an die Arbeit, die sie aus lauter lähmender Todesfurcht ganz vernachlässigt, ja liegengelassen hatten. Doch um kein Geld in der Welt hätten sie sich jemals getraut, zu Tal zu steigen, weswegen sie recht dürstig dahinleben mussten.

Eines schönen Morgens nun, als sich die Herbstzeitlose schon im regenbogenfarbigen Butzenscheiblein spiegelte, sassen sie wieder um den vierschrötigen Tafeltisch und assen, aber nicht mit der gehörigen vormaligen Begierde, einen Eiertätsch. Sie hatten sonst beim Essen gar nichts mehr gesprochen und sich kaum anzusehen getraut. Aber nun, da es so überaus wundersam in die Stube hineinsonnte, und die Sonne gar auf den Stuhl kam, auf dem sonst die gewehrige junge Magd allemal gesessen und allzeit ein gelächriges Gesicht gemacht hatte, sagte der Hausvater:

«Seht, wie schön heute die Sonne über Züselis, unseres treuen Dienstleins Stabelle scheint! 's ist grad, als wollte sie mit uns zu morgenessen.»

Jetzt pickte etwas ans Fenster. Und als sie aufsahen, erblickten sie ein Vöglein, das eben vom Gesimse auf den nahen Baum flog.

«Schau, Vater, was für ein kurioses Vöglein», sagte die Bäuerin.

«Ja, das ist ein kurioses Vöglein», stimmte der Bauer bei.

«Es ist kein hiesiges», redete die Bäuerin weiter.

«Nein», machte der Bauer, «ein hiesiges ist's nicht.»

«Es ist allweg ein fremder Vogel», sagte sie.

«Ja, es ist ein fremder», bestätigte er.

«Vater», rief jetzt der jüngste Bub aus, «der fremde Vogel kommt mir so bekannt vor.»

Eine Weile schaute der Bauer seinen Jüngsten an. Dann räusperte er sich, legte den runden Löffel neben die Milchkachel und sagte endlich:

«'s donners abeinander, geht das an ein Schwatzen in dieser Stube, man wird schier gehörlos. Woher hast du denn diese Plaudersucht, Bub?»

Aber er verstummte und horchte gewaltig auf.

Auf dem Baum vor dem Haus hob das wunderliche Vöglein wieder zu singen an. Und nun erkannten es alle als dasjenige, das im Frühling den Tod ins Haus und ins Land gebracht hatte. Doch jetzt merkten sie gleich, dass es heute ganz anders sang, und staunend glaubten sie aus seinem Lied ein Sprüchlein heraus zu hören.

Husch – war's weg, auf Nimmersehen.

Lange, lange staunten sich die Leute in der Stube nur immer an. Sie waren völlig starr vor Überraschung. Aber zuletzt fing der Hausvater an, sich geräuschvoll zu vertun, und nach längerem Hin- und Herrücken und Kopfschütteln sagte er: «Es ist mir, der fremde Vogel habe ein Sprüchlein gesungen?»

«Ja», meinte die Mutter, «es ist mir auch schier so.»

«Ja, wenn man aber jetzt nur wüsste, was er gesungen hat; vielleicht tät's nichts schaden.»

«Ich weiss es!», rief jetzt der Jüngste aus, indem er noch schnell einen guten Waldhandschuh breit vom Eiertätsch hinunterdrückte. «Es hat gesungen: Bind und benz und Baldrio, henksch's an Hals, so chunst devo!»

Mit grossen Augen schauten alle auf das Büblein.

«Ja», sagte endlich der Hausvater, «das hat es gesungen. Und nun will's mir tagen, jetzt weiss ich, was wir zu tun haben. Das ist eine Botschaft von unserem Herrgott, die uns auf ein paar Kräuter hinweist. Kommt denn in Gottesnamen alle, wir wollen sie suchen gehen. Vielleicht können wir uns und das ganze Land von dem schwarzen Tod mit diesen Heilkräutern erlösen.»

Also erhoben sie sich und gingen noch gleichen Tages die drei Kräutlein suchen.

Und als sie selbe nach Langem gefunden und sich um den Hals gehängt hatten, war ihnen vögleinwohl und leicht wie einem Finkenfederchen im Maiwind. Sogleich machten sie sich zu Tal und verkündeten die seltsame Kunde von den Heilkräutern weit und breit. Und alles Volk machte sich auf, nach diesen Wundermitteln zu spüren, und bald war die schreckliche Seuche zu Berg und Tal vergangen.

Seither nannte man das liebliche Einsamtälchen, wo das Vöglein gesungen hatte, 's Pesten, seine Bewohner aber die Pestleute.

Das Hexenbüchlein

Einst, als die Scheidegg, eine schön gelegene Alp, in deren Nähe die Töss entspringt, noch dem Kloster Rüti gehörte, fiel zu ungewöhnlich früher Zeit ein gewaltiger Schnee.

Weil nun des Klosters Schafhirte, der auf der Alp dreihundert Schafe sömmerte, nicht zurückkehrte, machten sich die Leute, die Schlimmes ahnten, auf, um nach ihm auszusehen. Sie fanden auch bald auf der Weide erst die erfrorenen Schafe und in der Alphütte den noch lebenden, abgemagerten Hund. Vom Hirten aber konnten sie keine Spur entdecken.

Lange suchten sie nach ihm und entdeckten ihn endlich erfroren in einer grausigen Schlucht.

So trugen sie ihn denn in seine Alphütte, und drei Männer blieben bei ihm als Totenwache zurück.

Einer der Wächter nun, ein junger Mann, der Vinzenzenbub genannt wurde, sah auf einem Gestell in der Hüttenstube ein Büchlein liegen. Er nahm es neugierig zuhanden und erkannte bald, dass er ein Hexenbüchlein gefunden hatte.

Das war ihm hochwillkommen, denn schon oft hatte er gehört, dass in solchen Büchern vielerlei Zaubermittel für alles Mögliche und Unmögliche angegeben seien. Und da er ein Erzwilderer war und hinterrücks der Obrigkeit schon manches feiste Wildböcklein abgeschossen und nächtlicherweile heimgeschleift hatte, dachte er, vielleicht liesse sich in dem Büchlein auch ein gutes Mittel für unfehlbare Schüsse finden.

Kaum waren seine zwei Gespannen eingeschlafen, steckte er das Büchlein ins Wams und vermochte vor Ungeduld kaum den Morgen zu erwarten.

Als es dann endlich tagte, half er den zwei anderen mit grosser Mühsal die Leiche zu Tal schaffen. Kaum aber ruhte sie in der kühlen Erde, verzog er sich heim, in sein schön gelegenes Dörflein Oberholz ob Wald, wo er mit seinem Knäblein ein unscheinbares Häuschen bewohnte.

Da setzte er sich in seine Kammer und las das Hexenbüchlein schier andächtig durch. Und nach Langem fand er auch richtig eine Anweisung über das Giessen von immer treffenden Kugeln. Diese besagte, dass man das Blei genau zur zwölften Nachtstunde im Schädel eines Selbstmörders giessen müsse, und dass der Schütze mit ebenso hergestellten Kugeln bestimmt treffe, auf was immer er anschlage. Doch dürfe er ja nur einmal ansetzen, denn wenn er den Schuss nicht sofort abgebe, sondern noch ein zweites Mal ansetze und ziele, treffe die Kugel das, was ihm das Liebste auf der Welt sei.

Hocherfreut steckte er das Hexenbüchlein wieder zu sich. Aber in einer der folgenden Nächte machte er sich in ein Tobel, in dem er den Schädel eines Selbstmörders wusste. Und als es nun fernher Zwölfe schlug, goss er beim Schein des Vollmondes in der gespenstigen Schlucht zwölf Kugeln. Dann packte ihn das Grauen. Schleunigst machte er sich wieder in sein Dörflein zurück.

Aber in der kommenden Nacht brach er auf und schlich sich, die zwölf Kugeln im Wams, aus seinem friedlich schlummernden Dörflein Oberholz fort. Abseits von allen Häusern machte er sich durchs liebliche Goldinger Tal, dem jetzt der Vollmond ein wunderlich fremdes Aussehen gab. Oft schreckte er auf, denn er meinte, es laufe etwas neben ihm her, aber es war immer nur sein eigener Schatten.

Endlich gelangte er an die Kreuzegg, wo er sich auf den Anstand stellte. Aber lange wollte sich nichts zeigen. Nicht nur die Menschen, auch das Wild schien bis auf das letzte nachtwandernde Igelchen eingeschlafen.

Schon wollte er missmutig werden, da kam über die mondhelle Weide von der Kreuzegg herab ein prächtiger Rehbock.

Flugs setzte er die Büchse an und zielte.

Da war irgendwo im Gebüsch ein Rascheln. Einen Augenblick nur hielt er lauschend inne. Dann setzte er wieder an, zielte, und donnernd ging der Schuss durch Berg und Tal.

Aber unter dem Dröhnen des Schusses hatte er einen fürchterlichen Aufschrei gehört, der ihm bis ins innerste Herz hineinging.

Und als er nun aufsprang, sah er gerade noch, wie der stattliche Rehbock über die Weiden davon stürmte.

Zitternd schauter er ihm nach.

Dann aber ging er mit unsicheren Schritten ins nahe Gestäude, aus dem, wie ihn gedünkt hatte, der unerklärliche angstvolle Schrei gekommen war. Und wie er nun die Zweige eines wilden Holderstrauches auseinander drängte, sprang ihn, wie ein Luchs, das Entsetzen an, und zerfleischte ihm das Herz. Vor ihm im Farnkraut lag sein eigenes Büblein und starrte ihn vorwurfsvoll mit brechenden Augen an.

Er warf sich zu ihm nieder, riss ihm das Gewand auf, und nun sah er, dass es eine Kugel mitten ins Herz getroffen hatte. Und jetzt schloss es seine Augen für immer. Aufheulend, kreischend, brüllend vor Verzweiflung stürzte er sich über sein Knäblein.

Aber was er auch tat, und wie er auch tat, es wurde immer bleicher, und der Vollmond breitete seine zitternden weissen Schleier über sein reines Kinderangesicht aus.

Als es Tag werden wollte, nahm der Jagdfrevler den toten Knaben und trug ihn zu einer grossen Buche, unter der er ihn begrub.

Danach kam die Verzweiflung völlig über ihn wie hundert Geier. Und sie schleppte und schleifte ihn fort in alle Welt hinaus. Nie hat man von ihm jemals wieder gehört.

Lange, lange Zeit nachher kam einmal ein Holzhacker in jene Gegend, wo der Schuss gefallen war. Da fand er an der Stelle, in der das tote Knäblein begraben lag, eine grosse rote Distel. Er versuchte, sie auszureissen. Aber wie er auch zog und zerrte, er brachte sie nicht heraus. Es war, als hielte sie sich mit tausend Wurzeln bis in die Hölle hinunter fest. Und als er nun die dabeistehende Buche fällen wollte, sprang die Axt immer wieder wie von einem Stein zurück.

Das alles verbreitete sich in der Gegend. Man nannte die unheimliche Buche die Blutbuche, und niemand getraute sich mehr in ihre Nähe.

Die Mutheseel im Sternenberg

Im Zürcheroberland liegt, hoch oben, mit einer weiten Ausschau übers schöne Schweizerland, das Dörflein Sternenberg. Dort ist's auch nicht ganz geheuer, denn bei Neumond soll dort ein gespenstiges Ungetüm, Mutheseel genannt, unversehens aus der Berggasse den ganzen Sternenberg hinunterrasseln, und wer ihr nicht entfliehen könne, werde zu lauter Häckseln zerschnitten, als ob er dem Vieh vorgeworfen werden sollte.

Eines Nachts nun kam ein Bauer schwer schnaufend den Berg heraufgegangen. Brummend und fluchend, ganz entgegen der sanftmütigen Art der Sternenberger, stiess er einen grossen Schiebkarren vor sich her. Von Zeit zu Zeit blieb er stehen, zog die Pelzkappe ab, die er beim wärmsten Sommerwetter auf dem Kopf hatte, und trocknete sich angelegentlich den Schweiss aus dem Gesicht. Und da es dunkel war wie in einem Brunnendünchel, schaute er immer himmelauf, ob denn nicht ein paar freundliche Sterne sich zeigen wollten, die ihm den schwierigen und steilen Pfad etwas hätten erhellen können.

Und als er nun mit seinem wüsten Fluchen ein Zeitchen innehielt, liessen sich wirklich ein Schärlein Sterne sehen, die sich sogleich zu einem goldenen Ringelreihen auseinander taten. Und sie leuchteten also herrlich, dass der Bauer sie nur so anstaunen musste.

Nun wurde es ihm auf einmal klar und windheiter, warum der Berg ob ihm Sternenberg hiess. Und als er nun seine Fuchspelzkappe wieder über den Kopf zog und zum Stosskarren griff, sah er auf einmal auch den Halbmond durch das auseinandergehende Gestäude. Er schien eben am Tössstock vorbei zu rennen, denn ein paar Wolken hielten ihm wie riesige Jagdrüden nach.

Es war so hell geworden, dass er fast die Zeitung hätte lesen können, wenn es damals eine gegeben hätte und er hätte lesen können. Nun sah er aber auch, dass er bald oben sei. Hatte er vorher vor Ärger also geflucht, dass sich die Nacht nach und nach zu einem Kohlensack zusammenzutun schien, so donnerwetterte und fluchte er jetzt vor lauter Freude darüber, dass er bald oben und zu Hause sei.

Da war's ihm, er höre ob sich in der Berggass ein völlig ungewohntes Rauschen.

Und wie er verwundert aufhorchte, war ob ihm plötzlich ein gewaltiges Rutschen und Rasseln, das schnell die Gasse herab gegen ihn zu kommen schien, und eine Donnerstimme rief weithin durch die Nacht:

«Drei Furchen aus dem Weg!»

«Was», dachte der Bauer, «du kommst mir so!»

Wer es auch sei, es soll mich niemand auf der

Welt in der Weise in den Seitengraben hinabbrüllen, denn ich bin ein eingeborener Sternenberger, und der Weg ist Gemeingut.

Als es aber immer schrecklicher ob ihm rasselte, wurde es ihm doch unheimlich. Am Ende konnte ihn ja ein Fuhrwerk überfahren. Jetzt wurde er aber wild, dass man so wider ihn durch die Nacht herab hulterpulterte und dazu gar noch so befehlshaberisch lärmte.

«Wart», machte er für sich, «wart ich will dir! Du sollst nun einmal samt deinem Gefährt den Knienicker bekommen, dass du danach auf Krücken durch die Welt hülpen musst.»

Also liess er seine schwere Stosskarre mitten im Weg stehen und sprang schnell zur Seite, aufs steudenbestandene Bord.

Kaum stand er oben, kam es rasselnd die Berggasse herunter, und rasselnd schoss es an ihm vorbei, ohne dass er etwas zu gewahren vermochte, und mit dröhnendem Lärm und tollem Gerassel fuhr es weiter den Berg hinunter.

Aber plötzlich wurde es totenstill. Die Nacht schien wie erlöst aufzuatmen.

Der Bauer lag auf den Knien, denn er war vor Schrecken wie ein altmodisches Sackmesser, ein Rollenhegel, zusammengeklappt. Es war ihm, die Sterne hüpfen wie goldene Frösche am Himmel herum.

Es dauerte eine schöne Weile, bis er seiner Sinne wieder mächtig wurde.

Dann erhob er sich und stieg zögernd vom Wegbord, denn nun war's ihm klar geworden, dass die Mutheseel die Berggasse heruntergefahren sei.

Und wie er nun in den Weg trat, sah er zu seinem Entsetzen, dass sein schwerer, grobhölziger und eisenbeschlagener Stosskarren, in tausend Splittern verstreut, im Weg und in dem Graben herum lag, fast als wäre er durch eine Mühle gegangen und in Sägemehl verwandelt worden.

Da war er gar froh, dass er seinen Karren und nicht sich selber in den Weg gestellt hatte, und kleinlaut machte er sich nach Hause.

Der Schimmelreiter

Eines Abends, es war schon dunkel, fuhr ein behäbiger Landmann mit einem schwer beladenen Wagen, den seine vier starken Ochsen zogen, von Ellikon nach Rickenbach.

Da er Weg und Steg gut kannte, kam er trotz der nächtlichen Düsternis gut vorwärts. Und als es nun über die Höhen zu heitern begann und er um sich Tausende und aber Tausende weisser Nachtfalter umgehen sah, wurde er gar wohl aufgelegt. Er pfiff ein Schelmenliedlein vor sich hin. Dann lachte er laut auf, denn es kam ihm in den Sinn, dass es nach der Meinung der Leute hinter dem nahen Wäldchen, hinter dem eben der Mond in seiner ganzen geheimnisvollen Herrlichkeit aufging, ungeheuer sein sollte. Vorhin hatte ihm die Wirtin zu Ellikon noch gesagt, dass sie nachts um kein Geld in dieses Holz gehen würde, das nun vor ihm lag und langsam auf ihn zuzurücken schien. Er lachte wieder und noch viel übermütiger auf, denn er musste an die erschrockenen Augen der Alten denken, als sie zu ihm vom Spukwäldchen redete. Was doch diesen Weibsbildern allerlei für Gespenstergeschichten durch den Kopf gingen!

Kräftig schwang er die Peitsche, also dass es knallte wie an einem Schützenfest. Nun war er hart auf dem arg verschrienen Wäldchen, das friedlich, als die Wiege Tausender schlummernder Vöglein, vor ihm stand.

Und dort kam ja auch noch ein Reiter hinter dem Hügel hervor, aufs Holz zu. Der mochte sich wohl in einem Nachbarsdorf bei einem Glas Alten verplaudert haben, da er sich erst in tiefer Nacht auf den Heimweg machte.

Es war ihm gerade recht, der Reitersmann wird ihm durchs Wäldchen und vielleicht bis nach Rickenbach Gesellschaft leisten. Nicht dass er sich etwa von Gespenstern gefürchtet hätte, Gott bewahre! Aber zu zweit durch die farblose Nacht war es kurzweiliger. Es wollte ihn nur seltsam dünken, dass der Reiter, der einen schneetaubenweissen Schimmel ritt, so lautlos über den steinigen Feldweg aufs Holz zuzuhalten vermochte; nicht ein einziges Mal hörte man einen Hufschlag. Es war, als ritte er über eitel Moos.

«He, Mann Gottes, wohin noch so spät? Ich komme mit!», rief der Bauer.

Aber er erhielt keine Antwort, was ihm noch verwunderlicher vorkam. Und jetzt sah er, wie der Reiter, völlig lautlos, über einen breiten Graben setzte und danach unter den hohen Buchen verschwand.

Kopfschüttelnd trieb der Landwirt sein zwiefaches Ochsengespann an, und wieder fuchtelte er mit der Peitsche herum, doch wollte es nicht mehr recht klöpfen.

Jetzt fuhr er ins Wäldchen hinein. Merkwürdigerweise wurde es darin nicht dunkler, obwohl der Mond nicht mehr zu sehen war. Je tiefer er auf den Prügelweg ins Holz hinein geriet, desto heller wurde es. Es war, als ob die ungezählten Tautropfen, die an allen Laubblättern hingen, zu leuchten anfingen. Und jetzt sah er zu seiner Überraschung den Reiter auf dem Schimmel wieder durch den Wald zurück auf sich zukommen. Offensichtlich war er verirrt und wollte ihn nach dem rechten Weg fragen. Obwohl er aber mit seinen Ochsen wacker vorwärts zu kommen schien und der Reiter unaufhörlich auf ihn zutrabte, wollten sie nicht zusammen kommen. Das kam ihm nun doch mehr als kurios vor.

Er hieb auf die Ochsen los und rief aus: «Ins Teufels Namen, jetzt macht einmal, dass wir zu diesem heillosen Wäldchen hinaus kommen. Es ist ja länger als von Pfingsten bis Ostern!»

Kaum hatte er's ausgerufen, so sprengte der Reiter wie's Wetter auf ihn zu, obwohl sein Schimmel den Boden kaum zu berühren schien, denn kein Ton liess sich hören. Und jetzt hielt er hart vor ihm und seinem Ochsengespann an.

Nun wurde es dem Bauer anders. Es war ihm, man tauche ihn mit Leib und Seele durch ein Loch in einen gefrorenen Teich hinein, denn mit Entsetzen sah er, dass der Reiter vor ihm seinen Kopf wie ein Kopfbrot unterm Arm trug. Eine Zeit lang war er wie gelähmt, und die Zähne knackten ihm ineinander, wie eine übel schliessende Türfalle. Also hatten die Leute in Ellikon doch recht; es ging in diesem Wäldchen um. Hätte er auf die Wirtin gehört und einen anderen Heimweg eingeschlagen! Immer musste er nach dem Reiter und seinem weissen Ross starren, die unbeweglich wie von Stein vor seinen Ochsen hielten.

So konnte es nicht bleiben. Er ermannte sich und geisselte verzweifelt auf die armen Tiere los. «Hü, Hü!»

Aber die Ochsen zuckten wohl zusammen, brüllten dumpf und zogen gewaltig an den Strängen, brachten jedoch den Wagen nicht um eine Handbreit weiter. Was er auch tat, der Wagen blieb wie eingemauert stehen, und die geschlagenen Ochsen stöhnten erbärmlich.

Nun machte sich der Fuhrmann an ein Rad, griff in seine Speichen und versuchte so, das Gefährt etwas zu rücken. Es half ihm nichts, und als er nun wütend, Geist und Mensch verfluchend, aufsprang und mit seinem Peitschenstiel nach dem unheimlichen Reiter schlug, zerflossen der und sein Schimmel in ein Silbernebelchen, aber wie er auch auf sein Zugvieh losprügelte, der Wagen kam nicht ab Fleck.

Da spannte er ingrimmig seine Ochsen aus, liess den verhexten Wagen stehen und trieb sie über den Waldweg nidsich. Und nun ritt auf einmal auch der Reiter auf seinem Schimmel wieder vor ihm her, und es war, als wollte das Holz, das doch sonst kaum etliche Steinwürfe lang war, in Ewigkeit nie aufhören.

Jetzt krähte irgendwo ein Hahn, und Reiter und Ross waren wie weggeblasen. Der Bauer aber stand mit seinen Ochsen am Waldausgang und der Mond schien friedlich über Weg und Steg.

Missmutig machte er sich mit seinem Doppelgespann nach Hause. Es tagte, als er dort ankam. Und nun musste er es, ob gern oder ungern, den Leuten doch glauben, als sie ihm sagten, er habe den Schimmelreiter gesehen, der seit unvordenklicher Zeit in jenem Wäldchen, zwischen Ellikon und Rickenbach, umgehe.

Am hellen Mittag holte er dann seinen schweren Wagen, der nun wie geschmiert durchs Wäldchen heimzu rasselte.

Die goldene Stadt

Bein Dinhard ist ein Wald, in dem es ein frohes Wandern ist. Auch liegt sich's dort so lauschig herum, und es wird einem so märchenhaft zu Mute. Es ist einem, hinter jedem Baum stecke irgendein elbisches Wesen, so dass man unwillkürlich zusammenschrickt, wenn ein Eichkätzchen blitzgeschwind und vor Angst selber einen Schrei herauskollernd, an einem Stamm hinaufschnellt.

Das alles mag daher kommen, weil dort die eine Waldseite von jeher als verrufenes Gebiet galt. Die Jäger, die sonst auf fröhlicher Pirsch keineswegs so scheu zu sein pflegen, sollen es früher nie gewagt haben, den verrufenen Teil des Dinharder Waldes zu betreten. Taten sie es doch, so wurde es ihnen wirbelig im Kopf, sie fielen bewusstlos ins Moos, und nachher, wenn sie doch wieder erwachten und glücklich davonkamen, erzählten sie, sie hätten durch die Stämme eine goldene Stadt erblickt, aber im selben Augenblick seien sie auch ohnmächtig hingefallen.

Eines Tages nun ging ein leidenschaftlicher Weidmann, namens Hans Hug, im Wald von Dinhard wieder einmal auf die Jagd. Lange wollte ihm nichts vor die Flinte kommen. Da, als er schon ärgerlich werden wollte, sprang mit einem Mal ein

Reh vor ihm auf. Eifrig verfolgte er es. Aber es schien keine besondere Eile zu haben.

Immer jedoch, wenn er drauf anlegte, verschwand es hinter einem Baumstamm, so dass er nie zum Schuss kam. Das brachte ihn so auf, dass er wie toll hinter dem Reh herlief, aber obschon es geradezu auf ihn zu warten schien, vermochte er es doch nie zur Strecke zu bringen. Das machte ihn so alles vergessen, dass er die Grenzen des verschrieenen Waldes ausser Acht liess.

Und nun meinte er, das flüchtige Reh sogar mit der Hand packen zu können. Da musste er plötzlich anhalten, denn vor ihm war ein Aufleuchten, das ihn fast blendete. Und jetzt stand vor ihm, statt des Rehs, eine bildschöne Jungfrau, und hinter ihr glaubte er, durch die Baumstämme eine goldene Stadt zu sehen.

Aber da fing vor seinen Augen ein sinnberückender Strahlentanz an, also dass ihm alles um und um ging, und unversehens sprang von einem Obstbaum, der sich in voller Blustherrlichkeit über der schönen Jungfrau wölbte, ein hässlicher kleiner Zwerg, und der schlug ihn mit einem Stock grinsend auf den Kopf. Die Sinne schwanden ihm, er plumpste ins Farnkraut.

Er wusste nicht, wie lange er gelegen hatte, als er endlich wieder aus seiner Betäubung erwachte. Mit scheuen, schier furchtsamen Augen schaute er sich um, aber die goldene Stadt, Jungfrau und Zwerg waren spurlos verschwunden. Nichts als ein dichter Hochwald war um ihn, der gar geheimnisvoll rauschte.

Da erhob er sich. Doch erschrak er schier zusammen, als eine grosse Ratte, die ein Nadelbölzchen im Spitzmäulchen trug, über ihn hinweg sprang. Und erst jetzt gewahrte er, dass er in einem ekelhaften Kotgraben gelegen hatte. Flink machte er sich heraus und lief dann, so rasch er's vermochte, aus dem spukenden Wald heimzu.

Die Sage

Es war ein dunkler Nebeltag.
Versonnen folgte ich im Hag
des welken Laubes Rieseln.
Am Weg fand ich ein altes Weib,
das spielte wie zum Zeitvertreib
im Schoss mit runden Kieseln.
Was machst du hier, Graumütterlein,
und spielst ein wertlos Feldgestein?
Mein Sohn, welch eitle Frage!
In jedem Spiel gibt's einen Sinn,
Steckt oft ein gold'nes Kernlein drin.
Mein Sohn, ich bin die Sage;
Da nimm und kost', es schmeckt dir gut!
Sie warf mir Kiesel in den Hut
und ging im Nebel unter.
Auflachend zog ich meinen Weg,
doch als der Mond schien durchs Geheg,
geschah ein seltsam Wunder:
Ich warf die Kiesel in den Fluss,
da wandelt' jeder sich zur Nuss,
und eine konnt ich fangen.
Ich brach sie auf. Drin lag ein Kern,
so golden wie der Abendstern,
der eben aufgegangen!

Und als er mir versüsst den Mund,
sah ich auf alter Zeiten Grund,
in ferner Tage Walten.
Da lobte ich Graumütterlein,
die Sage, die in Spiel und Schein
so tiefen Sinn behalten.

Wortverzeichnis

bärschten: bürsten, hier im Sinn von kratzen/scharren
Blyb uf dym Erdrych: Bleib auf deinem Erdreich
bodigen: überwältigen, besiegen
Eiertätsch: Rührei
eigenschirrig: engstirnig, eigensinnig
Fischenz: Recht zum Fischen
gelächerig: fröhlich
Luginsland: Aussichtspunkt
mordio: sehr, enorm, mörderisch
Nachen: kleines Boot
nidsich: abwärts
Schloff: Schlamm, Dreck
steckköpfig: stur, trotzig
Tanse: Rückenttraggefäss
Tross: Gefolge
unvertrauig: misstrauisch
worgeln: verschlingen

Meinrad Alois Lienert

Der Schwyzer Dichter wurde am 21. Mai 1865 in Einsiedeln geboren und besuchte dort die Klosterschule.

An den Universitäten Lausanne, Heidelberg, München und Zürich studierte er Rechtswissenschaften. Danach arbeitete er als Notar und Redaktor in Einsiedeln. Später zog es ihn nach Zürich, wo er die Redaktion der Zeitung «Die Limmat» leitete.

Ab 1900 war er freier Schriftsteller, schrieb Theaterstücke, Romane und Lyrik im Schweizer Dialekt. 1919 war er nochmals für zwei Jahre als Redaktor für die Zürcher Volkszeitung tätig. Im Alter von 68 Jahren starb er am 26. Dezember 1933 in Küsnacht.

In Zürich wurde eine Strasse und in Einsiedeln ein Platz nach ihm benannt. Ausserdem wurde er mit der Ehrendoktorwürde der Universität Zürich ausgezeichnet. Vor dem Einsiedler Schulhaus steht ausserdem der Gedenkbrunnen mit der Inschrift «Hei wili hei».

Tanja Alexa Holzer

Texttüftlerin, Fehlerdetektivin, Buchmagierin, Webkreative, Shophebamme – das alles ist die Schweizerin Tanja alias Wortfeger. Buchverrückt!

wortfeger.ch